LIVEN UP YOUR LATIN AMERICAN SPANISH

Idioms and Expressions You Need to Know

BOOK AND CD SET

GLORIA ALGORTA

LANGUAGE SUCCESS PRESS
ANN ARBOR, MICHIGAN

First Edition
Printed in the United States of America

ISBN: 978-0-9817754-5-6

Library of Congress Control Number: 2011931144

Illustrations by Evgeny Kran

Visit our website: www.languagesuccesspress.com

Bulk discounts are available. For information, please contact:

Language Success Press
2232 S. Main Street #345
Ann Arbor, MI 48103
USA

Email: info@languagesuccesspress.com
Fax: (303) 484-2004 (USA)

Table of Contents

Lección 1

DESPEDIDA EN EL AEROPUERTO

Carlos y Liliana llevan casi veinticinco años de casados. Carlos se va de viaje de negocios y Liliana lo lleva en su coche al aeropuerto. Carlos le dice a su mujer que a la vuelta quiere decirle algo y Liliana se queda un poco extrañada.

Carlos and Liliana have been married for almost twenty five years. Carlos is taking a business trip and Liliana is driving him to the airport. Carlos tells his wife that he wants to discuss something when he returns, which leaves Liliana a bit puzzled.

Liliana: ¿Terminaste de **hacer la maleta**?

Carlos: Creo que sí. Espero haber puesto todo.

Liliana: Bueno, nos vamos. No sé por qué llevas tantas cosas. **Te dejabas** el cargador del celular y te lo **metí a presión** en la maleta.

Carlos: **Ni falta que hacía**, por dos días que voy a **estar fuera**...

Liliana: Bueno, **por si acaso**. ¿Nervioso?

Carlos: Un poco. Estos clientes son **inversionistas** importantes y mi **carpeta** no es **ninguna maravilla**. En la oficina **dejan todo para último momento**.

Liliana: ¡Ja! **Conozco el tema**, me **saca de las casillas**.

Carlos: Sí, nadie **mueve un dedo** y después te **mandan a la guerra con un tenedor**.

Liliana: No te preocupes. **Al fin y al cabo** nunca pasa nada y uno se encuentra las cosas mejor de lo que pensaba.

Carlos: Sí, es verdad. Recuérdame que quiero hablar contigo cuando vuelva.

Liliana: ¿Vas a venir del duty-free **con las manos vacías**?

Carlos: Liliana, me voy **apenas** dos días. No me digas que vas a darme una lista de cosméticos.

Liliana: No, esta vez no. Me dejas **en ascuas**. ¿Qué tienes que decirme que no me puedas decir ahora?

Carlos: Que **estoy loco por** ti.

Liliana: No me **vengas con cuentos**, después de **veinte y pico** de años. Bueno, ya llegamos. **Bájate** ya.

Carlos: No les **aflojes las riendas** a los chicos.

Liliana: Uf, **haré todo lo que pueda**. Cuidado con las mujeres.

Carlos: Sabes que **sólo tengo ojos para** ti.

Liliana: Ándate ya, **mentiroso**, que vas a perder tu vuelo.

Carlos: Nos vemos mañana, **hasta la vuelta**.

For English translation of the dialogues, see pages 154-166.

MODISMOS Y EXPRESIONES: LECCIÓN 1

hacer la maleta – preparar el equipaje
to pack a suitcase

- Mañana me voy de vacaciones y todavía no **hice la maleta**.
- La esposa de José **hizo la maleta** y se fue la casa de sus padres.

dejarse – no traer algo consigo por un olvido
to forget to bring something

- No tengo el celular. **Me** lo **dejé** sobre la mesa.
- No pude comprar el pantalón porque **me dejé** la tarjeta de crédito en casa.

meter a presión – poner algo dentro de otra cosa con fuerza, por falta de espacio
to cram something in with difficulty due to lack of space

• Mi armario está tan lleno que **metí a presión** mi vestido nuevo.
• **Mete** tu bolso **a presión** en el baúl del coche.

ni falta que hace – no es necesario; no hay necesidad
it's not necessary; nothing is needed; I don't need it

• Hoy no fui al supermercado. El refrigerador está lleno, **ni falta que hace**.
• **Ni falta que hace** que me lo expliques, lo entiendo perfectamente.

estar fuera – no estar en casa; estar lejos de donde uno vive
to be away from home; to be far from the place one lives or works

• Me perdí el final de la telenovela porque **estuve fuera**.
• **Estaré fuera** de la oficina hasta el lunes.

por si acaso – por las dudas; por si es necesario
just in case

• Terminé el trabajo antes por si el jefe me lo pide. No creo que venga, pero **por si acaso**.
• Quizás venga Juan a cenar. Descongela otra chuleta **por si acaso**.

inversionistas – inversores; gente hace inversiones
investors

• Este es un proyecto millonario, tendré que buscar **inversionistas**.
• Estoy preparando una presentación para atraer **inversionistas**.

carpeta – útil de escritorio para guardar documentos, láminas, planos, etc.
folder; portfolio

• Se me perdió la **carpeta** de dibujo. Tiene los trabajos que hice durante todo el curso.
• Carlos les presentó a los inversionistas una **carpeta** de planos y dibujos y toda la documentación del proyecto.

(no es) ninguna maravilla – no tiene nada de maravilloso
no great shakes; nothing special

• El catering estuvo aceptable, pero tampoco fue **ninguna maravilla**.
• La película es entretenida, pero no es **ninguna maravilla**.

dejar para último momento – hacer algo justo antes de que venza el plazo; dejar algo para el final
to leave something for the last minute

• ¿Todavía no has hecho tu tarea? ¡Siempre **dejas** todo **para último momento**!
• Tengo que entregar esto en un rato. Lo **dejé para último momento** y ahora ando corriendo.

conozco el tema – sé de lo que estás hablando
I know what you're talking about; I know all about it

• ¡Oh! No me hables de adolescentes, **conozco el tema**.
• ¿Te llamaron a hablar con el director del colegio? Ja, **conozco el tema**.

sacar de las casillas – enojarse; volver loco a alguien
to drive one crazy; to make one angry

• Me **saca de mis casillas** que no me contestes.
• Si no te callas, **sacarás de las casillas** al profesor y nos castigará a todos.

no mover un dedo – no hacer nada; no colaborar
to do nothing; to not lift a finger; to not help

• Pedro **no mueve un dedo** y cobra más que yo, porque le cae simpático al jefe.
• ¿Aún no han puesto los platos en la mesa? ¡Aquí nadie **mueve un dedo**!

ir / mandar a la guerra con un tenedor – no tener suficientes herramientas para cumplir con la tarea encomendada
to have to complete a task without enough resources or tools (literally: to go to war with a fork)

• No estudié nada. Voy al examen como quien **va a la guerra con un tenedor**.
• Tengo que hacer una demo y esta computadora es un desastre. Me **mandan a la guerra con un tenedor**.

al fin y al cabo – al final; finalmente; a fin de cuentas
finally; at the end of the day

• Deberías dejar a Sergio. **Al fin y al cabo**, se pelean todo el tiempo.
• Voy a pedir un aumento de sueldo. **Al fin y al cabo**, soy el que más trabajo.

con las manos vacías – no llevar o traer nada
empty-handed

• Pasemos a comprar una botella de vino. No podemos llegar a cenar **con las manos vacías**.
• Estoy furiosa. El día de nuestro aniversario le compré un regalo y él llegó **con las manos vacías**.

---

apenas – solamente
only; just; barely

• ¿Cómo va a tener novio? ¡Si tiene **apenas** doce años!
• Él no habla inglés, **apenas** sabe algunas palabras.

---

en ascuas – estado de impaciencia o inquietud; dejar con la intriga
on tenterhooks; in a state of impatience or eagerness

• ¡Cuéntamelo ya, que me tienes **en ascuas**!
• Estoy **en ascuas** por conocer al novio de mi hija.

---

estar loco/a por alguien – estar enamorado de alguien o desear a alguien
to be crazy about someone

• **Estoy loco por** una chica que conocí el otro día.
• Te llama todos los días. ¿No te das cuenta de que **está loca por** ti?

---

venir con cuentos – mentir; exagerar
to tell a lie; to exaggerate; to tell tales

• Ana falta al trabajo día por medio y siempre me **viene con cuentos** de enfermedades.
• No me **vengas con cuentos**, no te creo ni una palabra.

---

veinte y pico – veinte y tantos; más de veinte y menos de treinta
twenty something; more than twenty and less than thirty

• No es ninguna niña, tiene **treinta y pico** de años.
• Es muy caro, cuesta **mil y pico** de dólares.

Note: In Chile, "pico" is often a rude word; instead use: veinte y tantos.

bajarse – salir de un vehículo
to get out of a vehicle

• Me enojé tanto que **me bajé** del auto en un semáforo y tomé un taxi.
• Javier **se baja** del avión y corre a la oficina. Es adicto al trabajo.

aflojar las riendas – aliviar o disminuir el control; aflojar el esfuerzo de un trabajo
to let up; to lighten up; to ease up; to loosen the reins

• Le di permiso a Inés para salir a bailar esta noche. Ya está grande y hay que **aflojarle las riendas**.
• El estrés te va a matar. Tienes que **aflojarle las riendas** al trabajo.

Note: You may also hear "aflojar con" as in: No aflojes con los chicos.

hacer lo que pueda – hacer lo máximo posible; hacer lo posible
to do one's best

• Esta noche vienen amigos a cenar, **haré lo que pueda** para cocinar algo delicioso.
• Te prometo **hacer** todo **lo que pueda**, pero este trabajo es complicado y no sé si podré terminarlo en fecha.

sólo tener ojos para alguien – estar interesado sólo en alguien; gustarle mucho alguien
to only have eyes for somebody; to like somebody very much

• José ni me contestó, **sólo tiene ojos para** su nueva esposa.
• María no está estudiando nada, **sólo tiene ojos para** los chicos.

mentiroso/a – que miente o no dice la verdad; versero
liar

• Lucía tiene el defecto que más me molesta: es muy **mentirosa**.
• **Mentiroso**, eso no puede ser cierto.

hasta la vuelta – nos vemos a mi regreso
see you when I get back

• Me voy a una reunión. ¡**Hasta la vuelta**!
• Mañana salgo de viaje, tenemos que postergar nuestro partido de tenis **hasta la vuelta**.

✍ PRACTIQUE LOS MODISMOS

Complete los espacios con las palabras que faltan:

1) Carlos no creía tener espacio en la maleta para llevar el cargador. Su esposa se lo puso en la maleta _____.

a) a escondidas b) para molestarlo c) a presión

2) A Liliana la _____ que la gente deje todo para último momento.

a) saca de las casillas b) pone contenta c) distrae

3) Liliana se enoja porque nadie ha puesto los platos en la mesa. Dice que _____.

a) colaboran mucho b) nadie mueve un dedo c) todos la ayudan

4) Liliana le pregunta a Carlos si va a venir del duty-free con _____.

a) cantando b) las manos vacías c) muy cansado

5) Mariana es una estudiante promedio, no es _____.

a) casada b) soltera c) ninguna maravilla

6) Liliana está _____ porque no sabe de qué quiere hablar Carlos.

a) alegre b) en ascuas c) enojada

7) Carlos y Liliana llevan casados veinte y _____ de años.

a) pico b) poco c) mucho

8) Carlos le dice a Liliana que _____.

a) está loco por ella b) la conoce bien c) la odia

9) Carlos le pide a su esposa que no les afloje ____ a los hijos.

a) las cuerdas b) las riendas c) las calorías

10) Liliana promete _____ con los chicos.

a) ir al cine b) hacer lo que pueda c) hacer las tareas

ANSWERS, P. 167

Anda de un lado para otro echando sapos y culebras.

Lección 2

LILIANA LLEGA A LA OFICINA

Liliana llega tarde a la oficina después de llevar a Carlos al aeropuerto. Su jefe ha preguntado por ella y su compañera Irene le propone salir juntas esa noche.

Liliana is late to the office after driving Carlos to the airport. Her boss has been asking for her. Her co-worker, Irene, suggests they go out together that evening.

Liliana: ¡Hola a todos!

Irene: Pero mujer, ¿**dónde te habías metido**?

Liliana: ¿Es muy tarde? Fui a llevar a Carlos al aeropuerto. ¿Cómo va todo?

Irene: **Fatal**. Mejor no preguntes y llama a Rodríguez. **Anda de un lado para otro echando sapos y culebras**.

Liliana: ¿Qué le pasa? ¿**Se levantó con la pata izquierda**?

Irene: Está **histérico con** el proyecto de Tiendas Santa María. Preguntó por ti hace cinco minutos. **Menos mal que** en esta empresa **no hay que marcar tarjeta**.

Liliana: ¡Qué **pesado**! ¿Qué le dijiste?

Irene: Que estabas en el baño. **Me jugué la ropa**.

Liliana: Gracias, Irene, me **salvaste el pellejo**.

Irene: **Hoy por ti, mañana por mí**. No pierdas tiempo y llámalo **ahora mismo**. ¡Qué lindo chaleco! ¿Es nuevo?

Liliana: Sí, es bonito ¿verdad? Me lo regalaron mis hijos para mi cumpleaños. Me gusta porque **pega con** todo.

Irene: Me encanta. Yo le regalé uno **parecido** a mi madre. Me **costó un ojo de la cara**.

Liliana: No creo que los chicos hayan gastado mucho. Este debe ser una imitación barata.

Irene: O el que yo compré no era pura lana y me **dieron gato por liebre**. ¿Cuándo vuelve Carlos?

Liliana: Mañana **a última hora**. Esta noche voy a dormir en el medio de la cama grande.

Irene: ¿Y si salimos? ¿Por qué no **aprovechas** que Carlos no está?

Liliana: ¿Salir? ¿A dónde?

Irene: No **pongas cara de mosquita muerta**. No propongo nada **pecaminoso**. Pensé que podríamos ir al cine, dan una película nueva de Brad Pitt. Liliana, llama a Rodríguez.

Liliana: **Ya mismo** lo llamo. **Me fascina** tu propuesta. Vamos al cine esta noche.

MODISMOS Y EXPRESIONES: LECCIÓN 2

¿Dónde te habías metido? – ¿Dónde estabas?
Where have you been? (asked of somebody you have been waiting for or looking for)

- Liliana no ha llegado. ¿**Dónde se habrá metido**?
- Te he buscado por todas partes ¿**Dónde te habías metido**?

fatal – muy mal; horrible
very bad; awful

- Me duele la cabeza. Me siento **fatal**.
- ¿Cómo te fue en el examen? Me fue **fatal**.

andar de un lado para otro – ir de un sitio a otro repetidamente; ir a varios sitios sin parar
to walk around; to go to several places without taking a break

• Está tan nervioso que **anda de un lado para otro** sin saber qué hacer.
• Ella está siempre ocupada, todo el día **anda de un lado para otro**.

---

echar sapos y culebras – maldecir; decir palabrotas; decir malas palabras
to swear a blue streak; to be fuming (literally: to cast toads and snakes)

• Liliana está fuera de sí, no hace más que **echar sapos y culebras** por la boca.
• Cuidado con lo que dices. No **eches sapos y culebras**.

---

levantarse con la pata/pierna izquierda / levantarse con el pie izquierdo – tener un mal día
to have a bad day; to get up on the wrong side of the bed (literally: to rise from bed with the left leg or foot)

• Estás de mal humor. ¿**Te levantaste con la pata izquierda**?
• Hoy no es mi día, **me levanté con el pie izquierdo**.

Note: "Pata" is informal for a person's leg. It is usually used for animals or furniture.

---

histérico (con) – nervioso por algo
hysterical (over)

• No tomes más café. Ya estás **histérica con** la cena de esta noche.
• Tranquilízate, estás **histérico**.

---

menos mal que – gracias a Dios
thank God; thankfully

• **Menos mal que** Sara dejó de fumar, ya tenía una bronquitis crónica.
• Pablo se quedó sin trabajo. **Menos mal que** le pagaron una buena indemnización por despido.

---

no hay que – no es necesario; no se tiene que; no se debe
one does not have to (the opposite is: hay que – one must)

• **No hay que** pintar sin primero limpiar y lijar la superficie.
• ¿Cómo que no quieres ir a la escuela? **Hay que** aprender muchas cosas.

marcar tarjeta – dejar registro de la hora de llegada o salida
to punch a time card

• Hay mucho tránsito. **Marqué tarjeta** diez minutos tarde.
• "Date prisa que hoy almorzamos en lo de tu madre". "No te preocupes, no hay que **marcar tarjeta**".

pesado/a – aburrido; insistente
annoying; a pain

• Federico es un **pesado**. En vez de conversar, te da una conferencia.
• Todos los días viene con un problema distinto, ¡qué **pesada**!

jugarse la ropa – arriesgarse; jugarse la vida; apostar fuerte
to put one's neck on the line; to take a risk

• Juan conduce demasiado rápido, **se juega la ropa** estúpidamente.
• Los bomberos **se jugaron la ropa** para salvar al niño.

salvar el pellejo – salvar; librar a alguien de un riesgo o peligro
to save one's skin

• Fue un accidente terrible, tuvieron suerte de **salvarse el pellejo**.
• Llegaste en el momento justo, ¡me **salvaste el pellejo**!

hoy por ti, mañana por mí – hoy te ayudo y sé que tú me ayudarás mañana
you scratch my back and I'll scratch yours

• ¿Puedes pagar mi almuerzo, que olvidé mi billetera? Mañana pagaré yo. **Hoy por ti, mañana por mí**.
• "Gracias, me has hecho un gran favor". "No es nada, **hoy por ti, mañana por mí**".

ahora mismo / ya mismo – en este momento; en este instante
right away

• "¿A qué hora es tu reunión?" "A las diez. **Ahora mismo** me voy".
• Estoy muerto de hambre y no he tenido tiempo de nada. **Ya mismo** salgo a almorzar.

pegar con – combinar; estar bien con
to go with

• Voy a cambiarme, esta pollera no **pega con** esta blusa.
• Compremos este sofá. ¿No crees que **pega con** el estilo de la casa?

parecido/a – similar
similar

• Este niño es muy **parecido** a su abuelo.
• ¿Dónde compraste ese vestido? Tengo uno muy **parecido**.

costar un ojo de la cara – costar mucho dinero
to cost an arm and a leg

• Vayamos a otra tienda. Aquí todo **cuesta un ojo de la cara**.
• La invité a cenar a un restaurante y me **costó un ojo de la cara**.

dar gato por liebre – engañar; dar a alguien algo de menos valor del que aparenta
to cheat; to rip someone off; to deceive

• La vendedora dijo que el vestido era de seda, creo que me **dio gato por liebre**.
• Este sándwich no es de pavo. Creo que es de pollo y me **dieron gato por liebre**.

a última hora – al final; tarde
late; at the last minute; at the eleventh hour

• Tengo que ir al médico **a última hora** de la mañana.
• El viernes **a última hora** mi jefe me dio un trabajo urgente.

aprovechar – emplear algo útilmente; sacar el máximo rendimiento
to take advantage of; to use

• **Aproveché** que estaba cerca de la oficina de Enrique y pasé a verlo.
• **Aprovechemos** las rebajas de este fin de semana para comprarnos algo de ropa.

poner cara de – expresar un sentimiento en el rostro
to have a certain look on one's face (such as annoyed, happy, relieved)

• Mi padre **puso cara de** enojado cuando le dije que salía a bailar esta noche.
• Cuando le conté a Marta de mi ascenso, **puso cara de** alivio.

mosquita muerta – alguien que parece inofensivo o ingenuo, sin serlo
somebody who appears to be harmless or naïve, without being so; a hypocrite; a guilty person

• Tu hija es una **mosquita muerta**. Llega temprano a casa, pero no sabes en qué líos se mete.
• Es un hipócrita. Habla mal de ti y después te pone cara de **mosquita muerta**.

pecaminoso/a – que tiene un matiz de pecado
naughty

• Mi abuela dice que este vestido es **pecaminoso**.
• El cura le dijo a Margarita que evitara los pensamientos **pecaminosos**.

fascinarse – gustar mucho; atraer irresistiblemente
to like a lot; to love

• A Rosa **le fascina** la literatura. Siempre está leyendo novelas.
• Este vestido me salió carísimo, pero en cuanto lo vi **me fascinó**. ¿Adónde vas?

PRACTIQUE LOS MODISMOS

Escoja el mejor sustituto para la frase en negrita:

1) Te he buscado por todas partes. ¿**Dónde te habías metido**?
   a) Estaba preocupado por ti.
   b) ¿Dónde estabas?
   c) Me alegro de que hayas llegado.

2) Mi jefe está muy estresado. Ayer **echó sapos y culebras** toda la tarde.
   a) maldijo
   b) habló por teléfono
   c) tomó mucho café

3) Esta mañana todo me salió mal. Seguramente **me levanté con la pata izquierda**.
   a) tengo un mal día
   b) no estoy durmiendo bien
   c) estoy muy distraído

4) A Liliana le duele la cabeza. Se siente **fatal**.
   a) muy ansiosa
   b) muy mal
   c) fascinada

5) Tuve un accidente muy grave, pero por suerte me **salvé el pellejo**.
   a) me atendieron de inmediato
   b) aprendí la lección
   c) me salvé

6) Me encontré con Paula y me mostró todas las fotos de su perro que tiene en el celular. ¡Qué mujer tan **pesada**!
   a) simpática
   b) inteligente
   c) aburrida

7) No tengo nada que **pegue con** este suéter.
   a) combine con
   b) abrigue como
   c) sea tan elegante como

8) El regalo de Rocío me costó **un ojo de la cara**.
   a) muy poca plata
   b) carísimo
   c) mucho elegirlo

9) Anoche salí con Nicolás. Ese tipo **me fascina**.
   a) me gusta muchísimo
   b) me aburre mucho
   c) no me gusta

10) Mi celular nuevo ya no funciona. Creo que me **dieron gato por liebre**.
   a) dieron un celular muy sofisticado
   b) dieron un celular de última generación
   c) dieron una imitación barata del que yo quería

ANSWERS, P. 167

Todos los peces gordos.

Lección 3

COMPROMISO CON LA EMPRESA

Rodríguez, el jefe de Liliana en una empresa de software, le asigna un nuevo proyecto para un cliente potencial muy importante.

Liliana is assigned by Rodriguez, her boss at the software company, to a new project for a very important potential client.

Liliana: ¿**Qué tal**, Rodríguez? ¿Puedo pasar?

Rodríguez: Claro, Liliana, siéntese. Como le dije por teléfono, **tenemos muchas chances** de ganar el proyecto de Tiendas Santa María. Quiero que usted **se haga cargo**, que sea mi **mano derecha** en este negocio.

Liliana: ¿Me está hablando del proyecto o de la propuesta?

Rodríguez: **De momento**, de preparar la demo. Hay que limpiar la base de datos que está **hecha un desastre**. Y pasado mañana a las diez vienen seis personas.

Liliana: ¿Seis personas?

Rodríguez: Sí, el gerente administrativo, el financiero, el de informática, el de mercadeo, el de compras y el de logística.

Liliana: Todos los **peces gordos**. Bueno, ¿y cuál es el **alcance** del proyecto?

Rodríguez: Eso lo iremos definiendo **sobre la marcha**. Quiero mostrarles todo el sistema.

Liliana: Pero usted sabe que el módulo de logística todavía no está terminado.

Rodríguez: No importa, usted prepare algo para que parezca que existe, porque es una de las cosas que más les interesa.

Liliana: ¿Y hablaron de los **plazos de entrega**?

Rodríguez: Sí, quieren la **puesta en marcha** en dos meses.

Liliana: ¿Dos meses? Rodríguez, ¡usted sabe que eso es imposible!

Rodríguez: Nada es imposible si todos **ponemos el hombro**, Liliana. Esto es una oportunidad para usted. Lo que le estoy ofreciendo es un **reconocimiento** y espero que aumente su motivación.

Liliana: Y no se imagina cuánto se lo **agradezco**.

MODISMOS Y EXPRESIONES: LECCIÓN 3

¿Qué tal? – ¿Cómo está usted?; ¿Cómo estás tú?; ¿Cómo va?
How are you?; How's it going?

- ¡Tanto tiempo sin verte! ¿**Qué tal** están las cosas por tu casa?
- Hola, ¿**qué tal** va todo?

tener chance – tener oportunidad; tener posibilidad
to have a chance at something

- Si la selección gana este partido, **tenemos chance** de ir a la final.
- Me fue mal en los exámenes. Creo que no **tengo chance** de pasar de año.

hacerse cargo – tomar la responsabilidad de algo o alguien
to take responsibility for something or someone

- Los abuelos **se hicieron cargo** de los niños cuando quedaron huérfanos.
- No te preocupes de la cena de Nochebuena. Yo **me haré cargo** de todo.

mano derecha – el principal colaborador de una persona
right hand man; main helper

- Fernández es la **mano derecha** del ministro.
- La señora Gómez no sabe qué hacer sin mí. Soy su **mano derecha**.

de momento – por ahora; por el momento
for now; for the time being

• Pienso viajar a Europa este año, pero **de momento** no sé qué países voy a visitar.
• **De momento** no hay sospechosos del trágico asesinato.

---

ser un desastre – ser de mala calidad; mal resultado; mala organización; mal aspecto, etc.
to be very unsuccessful; to be a mess

• Es una buena persona, pero como empleado **es un desastre**.
• La casa de al lado está abandonada y **hecha un desastre**.

---

pez gordo – persona importante
important person; bigwig (literally: fat fish)

• Valeria tiene a su cargo 300 personas. Es un **pez gordo** en la empresa.
• Procesaron a un **pez gordo** de una banda de contrabandistas.

---

alcance – rango que una cosa implica o abarca, o sus límites
scope

• Este problema está fuera del **alcance** de mi investigación.
• Tenemos que hacer esta tarea porque está dentro del **alcance** del proyecto.

---

sobre la marcha – a medida que se va haciendo algo
as we go along; on the fly

• Haremos el viaje y definiremos los paseos **sobre la marcha**.
• Comenzaremos a trabajar y veremos **sobre la marcha** los materiales que necesitamos.

---

plazo de entrega – tiempo límite para entregar un trabajo o producto
deadline

• Rodríguez negoció mal los **plazos de entrega** y ahora no podremos cumplir con el cliente.
• El **plazo de entrega** del concurso vence la semana que viene.

Note: Sometimes "plazo" is used alone and means the same thing. Example: La empresa no cumplió con el plazo y no envió la mercancía a tiempo.

puesta en marcha – puesta en funcionamiento; comienzo; inicio de actividades *launch; kick-off* • La **puesta en marcha** de la fábrica está planificada para el año que viene. •. De acuerdo con el plan, la **puesta en marcha** de las operaciones será la semana que viene. Note: The verb form is "poner en marcha". Example: El proyecto de construcción se puso en marcha el lunes.
poner el hombro – esforzarse; ayudar a lograr un fin *to work hard; to lend a hand; to pitch in* • Terminé de pintar el garaje gracias a mi cuñado, que **puso el hombro**. • Saldremos adelante si todos **ponemos el hombro**.
reconocimiento – gratitud; aceptación de los méritos de alguien *recognition; acknowledgment* • Le dieron un premio como **reconocimiento** de su aporte a las ciencias. • El asenso que le dieron en el trabajo es un verdadero **reconocimiento**.
agradecer – dar las gracias; expresar gratitud *to appreciate; to give thanks* • **Agradezco** a los empleados por todo su esfuerzo en el proyecto. • Mi jefe me **agradeció** por todo el trabajo que hice.

✍ PRACTIQUE LOS MODISMOS

Complete los espacios con las palabras que faltan:

1) ¿Cómo has estado? _____ está tu familia?

a) ¿Dónde b) ¿Qué tal c) ¿Cuándo

2) A Liliana le subieron el sueldo. Es la _____ del gerente.

a) mano derecha b) amante c) preferida

3) _____ la policía no tiene ningún sospechoso de este robo.

a) Por suerte b) De momento c) Afortunadamente

4) Voy a cambiar mi computadora. Está _____.

a) hecha un desastre b) hecha una maravilla c) demasiado rápida

5) La banda quedó desarticulada con el arresto. El tipo era un pez _____.

a) grande b) delgado c) gordo

6) Esta variable no la voy a considerar. Está fuera del _____ de mi investigación.

a) tema b) objetivo c) alcance

7) No sé cómo resolveremos este problema. Lo veremos _____ la marcha.

a) sobre b) bajo c) por

8) Martín aprobó el curso. Al final pudo entregar el trabajo antes del _____ de entrega.

a) viernes b) plazo c) año

9) Carlos está nervioso por la puesta en _____ de su nuevo negocio.

a) fiesta b) marcha c) inauguración

10) Pudimos poner el restaurante porque todos _____.

a) nos divertimos b) aportamos ideas c) pusimos el hombro

ANSWERS, P. 167

Tenemos que estudiar un montón.

Lección 4

EL ESGUINCE DE GUILLERMO

Guillermo se ha hecho un esguince jugando al fútbol y Liliana lo lleva al hospital después del trabajo.

Guillermo sprained his ankle playing soccer, and Liliana drives him to the hospital after work.

Guillermo: Mamá, afloja el pie del acelerador.

Liliana: Mejor no me hables de pies, Guille, ¿**cómo se te ocurre** esguinzarte el pie justo hoy, que es un día complicadísimo?

Guillermo: ¿Y yo **qué culpa tengo**? Fue un accidente.

Liliana: Sí, pero te pasa **cada dos por tres** cuando juegas al fútbol. ¿No podrías jugar más suave?

Guillermo: Má, el fútbol no es suave. Si juego de **delantero** y alguien del equipo contrario me está **marcando**, tengo que **eludirlo** para hacer el gol. Los **partidos** son para ganarlos.

Liliana: ¡Qué **manía** de lesionarte con deportes fuertes!

Guillermo: ¿Por qué hoy es un día complicado?

Liliana: Porque tu padre no está, porque mi jefe **se volvió loco** y porque esta noche voy a salir con Irene.

Guillermo: ¿**Te vas de parranda**? ¿Quién es Irene?

Liliana: Guille, Irene es mi **compañera de trabajo** desde **hace siglos**, **parece mentira** que todavía no lo sepas.

Guillermo: Bueno, yo pensaba quedarme a dormir en lo de Nacho. El examen es el lunes y tenemos que estudiar **un montón**.

Liliana: ¡Si no puedes apoyar el pie! ¿Cómo vas a quedarte en lo de Nacho?

Guillermo: Pero esto no es nada. Una noche con hielo y la pata para arriba y mañana voy a estar **cero kilómetro**. **Ni siquiera** entiendo por qué me llevas al hospital.

Liliana: Porque hay que **descartar** que no tengas una fractura.

Guillermo: ¡Cuidado! Mamá, **cruzaste con la amarilla** y **estuviste a punto de** chocar. ¡Vamos a estar muertos antes de llegar al hospital!

MODISMOS Y EXPRESIONES: LECCIÓN 4

¿Cómo se te ocurre? – ¿Cómo se te vino a la mente esa idea?
How could you even think that?; How could you even think to...?

- Lo que dices es una locura. ¿**Cómo se te ocurre**?
- Beatriz está muy sensible ¿**Cómo se le ocurre** que su padre no la quiere?

¿Qué culpa tengo? – no es por mi causa; no lo hice adrede; no lo hice a propósito
It's not my fault; I'm not to blame

- El jefe dice que estamos retrasados con el trabajo. ¿**Qué culpa tengo** si Irene está enferma y hace tres días que no viene?
- Mi madre está molesta porque se me rompieron tres vasos. ¿**Qué culpa tengo**? Los vasos se caen.

cada dos por tres – muy a menudo; con frecuencia
very often

- Irene se enferma **cada dos por tres** y Liliana tiene que cargar con todo el trabajo
- Manuel cambia de novia **cada dos por tres**.

delantero – en el fútbol y otros deportes es el jugador que forma parte de la línea delantera del equipo
forward; striker

• El entrenador me puso de **delantero** para el partido de mañana.
• Roberto jugó de **delantero** y metió tres goles.

marcar – en el fútbol y otros deportes, situarse cerca de un jugador contrario para dificultar su actuación
in soccer and other sports, to intercept a pass or to tackle the opponent; to score

• Como Roberto juega muy bien, siempre lo **marcan**.
• Si Diego no me hubiera **marcado** tanto, yo habría hecho algún gol.

eludir – evitar; esquivar el encuentro con alguien
to avoid meeting somebody; to elude

• Matías es un genio como delantero. Hay que verlo **eludiendo** a los contrarios.
• Leticia entró por la otra puerta para **eludir** a su jefa.

partido – juego; competencia
match; game

• Guillermo se hizo un esguince jugando un **partido** de fútbol.
• Liliana y yo ganamos el **partido** de tenis.

manía – inclinación excesiva u obsesión hacia algo o alguien
mania; obsession; craziness

• Mario tiene **manía** con las corbatas, se pone una nueva todos los días.
• ¡Qué **manía** tienes de trabajar hasta tan tarde!

volverse loco – perder la cordura o el sentido común
to go nuts

• ¿**Te has vuelto loco**? ¿Cómo vamos a vivir si renuncias a tu trabajo?
• Catalina **se vuelve loca** cuando sale de compras. Habría que esconderle su tarjeta de crédito.

salir de parranda – salir de juerga
to go out partying; to go out on the town

• Me encanta **salir de parranda**, pero sólo si no tengo que madrugar al día siguiente.
• Bruno sólo piensa en **salir de parranda** todas las noches.

compañero/a de trabajo – persona con quien uno trabaja
co-worker

• En realidad, Beatriz y yo no somos amigas, sólo somos **compañeras de trabajo**.
• Ya sabes la regla: no tener romances con **compañeros de trabajo**.

hace siglos – hace mucho tiempo
for ages; a long time ago

• **Hace siglos** que no te veía. ¡Qué bien que estás!
• Este celular está viejísimo. Lo compré **hace siglos**.

parece mentira – es increíble; no parece cierto
it's hard to believe; it doesn't seem possible

• **Parece mentira** lo grande que estás. Recuerdo cuando te llevaba al zoo.
• Liliana engaña a su marido. **Parece mentira**, con lo bueno que es él.

un montón – gran cantidad; mucho; un toco
a lot

• Había mucha gente en la cola y tuve que esperar **un montón**.
• No necesito una corbata, ya tengo **un montón**.

cero kilómetro – como nuevo
as good as new; like new

• Este equipo de música lo compré usado, pero parece **cero kilómetro**.
• Después de la operación se siente **cero kilómetro**.

ni siquiera – incluso no
not even

• Raúl cree que sabe de literatura y **ni siquiera** ha leído a los clásicos.
• No puedo salir ahora, todavía no desayuné y **ni siquiera** estoy vestida.

descartar – excluir; apartar *to rule out* • Bueno, vayamos **descartando** opciones para decidir qué hacemos. • ¿**Descartaste** la idea de cambiar de trabajo?
cruzar con la amarilla / roja – cruzar un semáforo con la luz amarilla / roja *to go through a yellow / red light* • Llegué a tiempo porque **crucé** todas las veces **con la amarilla**. • A Simón le pusieron una multa por **cruzar con la roja**.
(estar) a punto de – estar casi; estar al borde de algo o por comenzar algo *to be about to do something; to be on the verge of* • Llegaste justo a tiempo. **Estamos a punto de** comenzar la clase. • No te dejes el paraguas. **Está a punto de** llover.

✍PRACTIQUE LOS MODISMOS

Escoja el mejor sustituto para la frase en negrita:

1) Anita, ¿a dónde vas? ¿**Cómo se te ocurre** salir con esta tormenta?
   a) Te gusta
   b) Es necesario
   c) Cómo te vino a la mente la idea de

2) El profe me retó por llegar tarde. **¿Qué culpa tengo?** El autobús se retrasó.
   a) Me quedé dormido.
   b) No fue por mi causa.
   c) Estaba en la parada.

3) Mi computadora está funcionando mal. Se apaga **cada dos por tres**.
   a) muy a menudo
   b) cuando chequeo el correo
   c) a los quince minutos

4) Cariño, ya elegiste siete bikinis. Deberías **descartar** algunos. ¿O piensas comprarlos todos?
   a) apartar
   b) robar
   c) estirar

5) Daniel toma Coca-Cola todo el día. Tiene esa **manía**.
   a) obsesión
   b) suerte
   c) estupidez

6) ¡Qué sorpresa encontrarte aquí! **Hace siglos** que no nos veíamos.
   a) Hace unos días
   b) Hace una semana
   c) Hace mucho tiempo

7) **Parece mentira** que nunca vayas a la playa viviendo tan cerca.
   a) Es increíble
   b) Es fantástico
   c) Está muy bien

8) ¿Me prestas un libro? Tienes **un montón** en esta biblioteca.
   a) muy buenos libros
   b) muchos
   c) los que quiero leer

9) Estuve una semana con gripe, pero ahora estoy **cero kilómetro**.
   a) mucho peor
   b) como nuevo
   c) muy contento

10) Apaga el celular. **Está a punto de** empezar la película.
   a) Ya va a
   b) Te van a llamar justo al
   c) Nunca va a

ANSWERS, P. 167

Lección 5

DEMASIADO SEXY

Mientras preparan la cena, Liliana le cuenta a su hija Anita que va a salir con su amiga. Anita le critica el vestido y le dice que ella también va a salir.

While preparing dinner, Liliana tells her daughter Anita that she's going to go out with her friend. Anita criticizes Liliana's outfit, and then tells her that she's going out too.

Liliana: Anita, pásame esos calabacines por favor.

Anita: Estás muy sexy con ese vestido. ¿Te lo estás **probando** para una boda?

Liliana: No, voy a salir con Irene esta noche.

Anita: ¿Con esa **facha**? Mamá, cómo se te ocurre. ¿Qué va a decir papá? Claro, como **no hay moros en la costa**…

Liliana: Niña, no le **busques la quinta pata al gato**. Sólo vamos al cine y **tal vez** a **tomar algo**. ¡**Mira quién habla** de vestirse sexy! Tú vas siempre con esos jeans y camisetas ajustados.

Anita: Pero yo tengo diecisiete años y no estoy casada. ¿Y qué **te ha dado por** salir justo hoy, si no sales nunca?

Liliana: Es cierto, salgo **cada muerte de obispo**.

Anita: Y con esa amiga tuya, que **cuando no corre, vuela**…

Liliana: Irene me invitó al cine y me pareció una buena idea, ya que tu padre no está. ¿Qué pasa hoy que **cambiamos los papeles**? Yo soy la madre y tú eres la hija. Nadie **te dio vela en este entierro**.

Anita: Yo voy a salir con Gabriel y unos amigos.

Liliana: ¿Adónde y con qué amigos?

Anita: **No tengo la menor idea**. **Saldremos por ahí**. Todavía no sé quién **se anota**.

Liliana: Anita, "por ahí" no es una respuesta aceptable. Anda, llevemos la cena a la sala que allí está tu hermano esguinzado en el sofá.

MODISMOS Y EXPRESIONES: LECCIÓN 5

probarse – ponerse a prueba; examinarse; comprobar si una prenda le queda a uno bien
to try on

- Estoy más gorda. **Me probé** la ropa del invierno pasado y todo me queda chico.
- Mi hermana está embarazada y le encanta quedarse con mis hijos para **probarse** como madre.

facha – aspecto
look

- Haz el favor de cambiarte para ir a lo de tu abuela. Mira qué **facha** tienes.
- Oscar comenzó hoy a trabajar. Tendrías que haberlo visto de corbata, estaba muy gracioso con su **facha** de oficinista.

no hay moros en la costa – no hay enemigos cerca
the coast is clear (literally: there are no Moors on the coast)
hay moros en la costa – hay enemigos cerca
the coast is not clear; there are people around who could spoil our fun

- Podemos hacer una fiesta. Mis padres están de viaje y **no hay moros en la costa**.
- No puedo hablar ahora, **hay moros en la costa**.

buscar la quinta pata al gato – buscarle complicaciones a un asunto que no las tiene
to look for trouble (literally: to look for the fifth leg of the cat)

- No discutamos más. Le estamos **buscando la quinta pata al gato**.
- Carolina y Luis son muy complicados: siempre le están **buscando la quinta pata al gato**.

tal vez – quizás
maybe; perhaps

• **Tal vez** pase esta tarde por tu casa a buscar el libro.
• **Tal vez** algún día mis hijos se den cuenta de todo lo que hago por ellos.

tomar algo – beber algo
to have a drink; to grab a drink

• Esta noche voy a salir a **tomar algo** con mis amigos.
• ¿Quieres **tomar algo**? ¿Un café o un trago?

Mira quién habla – se dice cuando el que dice algo, no tiene autoridad moral para hacerlo
Look who's talking

• Mi padre se muere si se entera de que tomo cerveza. **Mira quién habla**, él bebe whisky.
• Elena anda diciendo por ahí que yo engaño a Carlos. **Mira quién habla**, ella que cambia de novio como quien cambia de ropa.

dársele a alguien por – entrarle gran interés por algo
to become very interested in

• No sé qué pasa con Liliana que **le ha dado por** trabajar hasta tardísimo.
• Últimamente no sé qué le pasa a Francisco, **le ha dado por** las matemáticas.

cada muerte de obispo – que ocurre con muy poca frecuencia
once in a blue moon (literally: every death of a bishop)

• Matías dice que le gusta cocinar, pero lo hace **cada muerte de obispo**.
• Leticia y yo vamos al cine **cada muerte de obispo**.

(cuando) no corre, vuela – muy rápido o astuto para aprovechar situaciones
someone who takes advantage of situations

• El señor Pérez sabe aprovechar las oportunidades de negocios. **Cuando no corre, vuela**.
• En ese país hay mucha corrupción. Allí el que **no corre, vuela**.

cambiar los papeles – cambiar los roles
to switch roles

• Ahora **cambiamos los papeles**. Él cocina y yo lavo los platos.
• Juan y Graciela se **cambiaron los papeles**. Ahora es él quien está sin trabajo y ella consiguió empleo.

dar vela en este entierro – a quien opina o participa sin que le corresponda
to have a say in the matter (literally: to give a candle at a burial)

• No vengas a decirme qué tengo que hacer porque nadie te **dio vela en este entierro**.
• ¿Qué importa lo que digan? Nadie les **dio vela en este entierro**.

no tener la menor idea – no saber nada
to know nothing about; to not have the faintest idea

• Hace días que no leo el periódico y **no tengo la menor idea** de lo que pasa.
• La policía **no tiene la menor idea** de quién es el asesino.

ir / salir por ahí – ir de un sitio a otro; ir a algún sitio sin planificarlo
to bum around; to go from one place to another

• Mi padre era hippy cuando era joven. **Iba por ahí** vendiendo artesanías.
• No sé exactamente dónde vamos a estar en las vacaciones. **Iremos** de mochileros **por ahí**.

anotarse – prenderse; declararse dispuesto a participar en algo
to sign on; to be on board; to agree to participate

• Estamos organizando una excursión a la montaña. ¿Quién **se anota**?
• Ya **nos anotamos** quince personas para el coro de padres.

✍ PRACTIQUE LOS MODISMOS

Complete los espacios con las palabras que faltan:

1) Es así de sencillo, no hay misterio, no le busques la quinta pata al _____.

a) perro b) pájaro c) gato

2) Me dormí en el cine y _____ de qué se trataba la película.

a) sé perfectamente b) no tengo la menor idea c) me encanta

3) "¿Dónde quieres ir a cenar?" "No sé, _____ por ahí y ya encontraremos un sitio que nos guste".

a) conozco b) quedémonos c) salgamos

4) No puedes ir a la fiesta de fin de año con esa _____.

a) facha b) alegría c) ilusión

5) Anita _____ a bailar, dijo que no había moros en la costa.

a) se puso b) salió c) comenzó

6) Esta noche tenemos la primera cita. Vamos a salir a tomar _____.

a) aire b) algo c) alguien

7) El director del colegio dijo que debíamos ser tolerantes. _____, ¡si él no tolera a nadie!

a) Mira quién habla b) Tiene razón c) Me cae bien

8) A Luz se le ha dado ____ las matemáticas. Se pasa resolviendo ecuaciones.

a) en b) por c) para

9) Laura siempre se consigue el mejor chico. Cuando no corre, _____.

a) salta b) vuela c) camina

10) Vamos al campo este fin de semana. ¿Quién _____

a) va a la playa? b) va a la montaña? c) se anota?

ANSWERS, P. 167

Le está poniendo los cuernos a tu viejo.

Lección 6

ADOLESCENTES

Anita habla con su novio Gabriel para planificar su salida de la noche y conversan sobre la vida sexual de los adultos y sobre las sospechas de que Liliana tenga un amante.

Anita speaks with her boyfriend Gabriel to plan their night out. They discuss the sex lives of adults and their suspicion that Liliana has a lover.

Gabriel: ¿Aló?

Anita: Hola, mi amor.

Gabriel: Hola, Anita, ¿te **dejaron** salir?

Anita: La que salió fue mamá, hecha una **vedette**, **así que** no hay problema.

Gabriel: ¿Estás **cabreada**? ¿Qué te pasa?

Anita: No sé. No me gustó que mi madre saliera tan sexy cuando mi padre no está.

Gabriel: ¿Crees que **tendrá** algún **asunto**?

Anita: ¿A esa edad? ¡Pero si es muy **vieja**! ¿Tú crees que a esa edad la gente tiene sexo?

Gabriel: Claro Anita, no seas ingenua. Tu vieja todavía es joven y **por si fuera poco** está **buenísima**. Debe de **tener un amante**.

Anita: **No me digas eso**, Gabriel, que **me pongo enferma** de pensarlo. Me dijo que iba al cine con una amiga pero, antes de salir, la llamó un **tipo**.

Gabriel: ¿**En serio**? Entonces **no cabe duda**. Le está **poniendo los cuernos** a tu viejo.

Anita: Es **el colmo**, no lo puedo creer. ¡Mamá se acuesta con otro!

Gabriel: Bueno, Anita, ¿no ves la tele? Es cosa de todos los días.

Anita: Ya no quiero salir, **tengo el alma por el suelo**.

Gabriel: **¡Anímate!** Tienes que **cambiar de aire**. Te **paso a buscar** en quince minutos.

MODISMOS Y EXPRESIONES: LECCIÓN 6

dejar – permitir; dar permiso
to allow

- No me **dejaron** ir a la fiesta de Eliana porque reprobé el examen.
- Camilo está castigado. No lo **dejé** ir a pasar el fin de semana a lo de Marcos.

vedette – artista de variedades; estrella del espectáculo; la más popular o llamativa de una serie o categoría
a showgirl; a star; the most popular item

- Valentina es muy provocativa, se viste como una **vedette**.
- Esta variedad de vino es la **vedette** de nuestra bodega.

así que – por lo tanto; en consecuencia
so

- El viernes les puso una prueba a sus alumnos, **así que** se pasó el fin de semana corrigiendo.
- Tengo una reunión hasta tarde, **así que** no me esperen a cenar.

cabreado/a – enojado; de mal humor
upset; furious; pissed off

- Mis padres están **cabreados** conmigo porque me emborraché.
- Andrés está **cabreado** porque le fue mal en el trabajo.

tener un asunto – tener un romance; tener un affair
to have an affair; to have a romantic relationship

• Laura se quiere mudar desde que **tuvo un asunto** con el vecino y terminó mal.
• Sospecho que Irene **tiene un asunto** con alguien de la oficina.

Note: "asunto" also means issue or matter

vieja/o – madre o padre
mom or dad (informal and more often used among young people)

• Ojalá que tu **viejo** te deje venir esta noche a la fiesta.
• Mi **vieja** me compró un celular fantástico.

Note: In Mexico, "vieja" is used informally for girlfriend, especially when talking among male friends. "Mi vieja se puso celosa de mi amiga Ana".

por si fuera poco – para colmo; como si no fuera suficiente
to top it off; as if that were not bad enough; to make matters worse

• Matilde se llevó el auto sin permiso y, **por si fuera poco**, lo chocó.
• No me subieron el sueldo y, **por si fuera poco**, me duplicaron el trabajo.

buenísimo/a – atractivo; sexy
attractive; sexy

• Conocí a la novia de Nacho y está **buenísima**.
• Ese tipo está **buenísimo**.

tener un amante – tener una relación fuera del matrimonio
to have a lover

• Carlos parece un buen marido, pero hace años que **tiene una amante**.
• Liliana va al gimnasio, se viste impecable y va mucho a la peluquería. ¿No crees que debe de **tener un amante**?

no me digas eso / que – no quiero saberlo
don't tell me that; I don't want to know that

• "Te noto más gorda". "**No me digas eso** que me pongo a llorar".
• **No me digas que** te echaron del trabajo.

ponerse enfermo/a – en sentido figurado: ponerse mal; disgustarse
it makes me sick (to think about something)

• **Me pone enfermo** que me cuenten el final de las películas.
• Deja de mascar chicle. **Me pone enferma**.

tipo – un hombre
a guy

• Hay un **tipo** parado en la esquina que no me gusta nada.
• Hace años que conozco a Víctor. Es un buen **tipo**.

en serio – de verdad; seriamente
really; seriously; I'm not kidding

• Este trabajo tiene que estar terminado para mañana. **En serio**.
• "Lucas dice que quiere dejar la universidad". "¿**En serio**?"

no cabe duda – sin duda; con toda seguridad
no doubt; there's no doubt

• Míralos. **No cabe duda** de que se quieren.
• **No** me **cabe duda** de que este será un buen año para el negocio.

poner los cuernos – engañar con otra persona a la pareja de uno; ser infiel
to be cheating on somebody (literally: to put on the horns)

• Inés conoció a un tipo y le está **poniendo los cuernos** a Juan.
• Si me entero de que Julio me **pone los cuernos**, le pido el divorcio.

el colmo – punto que no se puede superar
the limit; the last straw

• Yo sabía que tu hija te hablaba mal, pero ahora que lo he visto me parece **el colmo**, no lo puedes permitir.
• Mi jefe pretende que deje la vida en la oficina. Pero que me llame a mi casa ya es **el colmo** ¿no crees?

acostarse con – tener relaciones sexuales
to sleep with; to have sexual relations with

• Mamá, te digo que soy virgen. No **me he acostado con** nadie.
• Un compañero de trabajo **se acuesta con** la directora.

tener el alma por el suelo – estar triste o desanimado *to be sad, depressed, or discouraged (literally: to have the soul on the ground)* • Me acabo de enterar. **Tengo el alma por el suelo**. • María no tiene ganas de nada, **tiene el alma por el suelo**.
¡Anímate! – mejora tu estado de ánimo; levanta tu espíritu; no te desanimes *Cheer up!* • ¡**Anímate**! No puedes seguir tan deprimido, salgamos al cine o a bailar. • No es más que un examen, no has perdido el curso. ¡**Anímate**!
cambiar de aire – cambiar de lugar o actividad para sentirse mejor *to get a change of scenery; to do something to help get one's mind off something* • Está muy deprimido. Tendría que **cambiar de aire**. • Estoy agotada de estudiar. Voy a **cambiar de aire** un rato.
pasar a buscar – recoger; retirar *to pick up; to collect; to get* • Luis me **pasa a buscar** a las ocho para ir al cine. • Mamá, te dejo aquí el libro que Juan va a **pasar a buscar** esta tarde.

✍ PRACTIQUE LOS MODISMOS

Escoja el mejor sustituto para la frase en negrita:

1) ¿Tus padres no **te dejan** ir a la fiesta de fin de año?
   a) te permiten
   b) se alegran de
   c) prohíben

2) Clara está **cabreada** porque le fue mal en el examen.
   a) de buen humor
   b) de mal humor
   c) de buen aspecto

3) De vez en cuando voy con mi **viejo** a pescar.
   a) hermano
   b) amigo
   c) padre

4) Luisa me contó sus dramas y **tengo el alma por el suelo**.
   a) estoy desanimado
   b) estoy contento
   c) tengo envidia

5) No sé si decirle a mi amiga que su esposo tiene **una amante**.
   a) la camisa rota
   b) un buen sueldo
   c) otra mujer

6) ¿Puedes bajar la radio? Esta música **me pone enfermo**.
   a) me pone mal
   b) me encanta
   c) me aturde

7) Sara me presentó a un **tipo** que me encantó.
   a) profesor
   b) hombre
   c) carpintero

8) Lidia, tengo que decirte algo: tu novio **te pone los cuernos**.
   a) me gusta mucho
   b) me cae mal
   c) te engaña con otra

9) Debes decirle a Rita que si **se acuesta** con su novio, tiene que cuidarse.
   a) tiene relaciones sexuales
   b) sale de noche
   c) canta en el coro

10) Ramón tiene la presión alta. Debe tomarse un descanso y **cambiar de aire** unos días.
   a) salir de paseo
   b) estudiar mucho
   c) cambiar de mujer

ANSWERS, P. 167

Lección 7

¿NOS JUNTAMOS A ESTUDIAR?

Guillermo y su amigo Nacho combinan para juntarse a estudiar y descubren una coincidencia que traerá consecuencias.

Guillermo and his friend Nacho make plans to study together and discover a coincidence that will have consequences.

Nacho: Hola Guille, ¿cómo está tu pie?

Guillermo: Mucho mejor. Lo tengo hinchado y morado, pero un poco de hielo y de quietud, y **listo**.

Nacho: Bueno, ¿y cuándo **nos juntamos** para estudiar? ¿Esta noche?

Guillermo: Si tú vienes a casa. Yo no me puedo mover de aquí hasta mañana.

Nacho: **Ni loco**. Mi vieja está de viaje, estoy solo en casa y esta **mina** Daniela, la de la clase de historia, va a venir en diez minutos.

Guillermo: ¿Daniela? ¡Está buenísima! Me pongo **verde de envidia**. ¿Y dónde está tu vieja?

Nacho: Se fue a un congreso de medicina en Santo Tomás, pero es sólo por esta noche. Llega mañana después de la cena.

Guillermo: **Qué casualidad**, mi viejo también se fue a Santo Tomás a ver a un cliente. Y llega mañana a la misma hora.

Nacho: Ja. Sería divertido que vinieran en el mismo avión ¿no crees?

Guillermo: **Qué raro**. Bueno, ¿y qué hacemos con el estudio?

Nacho: Nos juntamos mañana después de clase en mi casa, ¿**de acuerdo**?

Guillermo: Sí, pero leamos el primer capítulo antes.

Nacho: Uf, es **aburrido como una ostra**. **Maldito** examen.

Guillermo: Pero tú tienes una **memoria de elefante**, con darle un **vistazo** te **sobra**.

Nacho: Okay, nos vemos mañana.

Guillermo: Nos vemos. Chao.*

* "Chau" instead of "Chao" is used in Argentina and Uruguay.

MODISMOS Y EXPRESIONES: LECCIÓN 7

listo – asunto terminado
ready; all set

- Ricardo llamó al mecánico para saber si su auto estaba **listo**.
- No pienso complicarme con este trabajo. Lo haré como pueda y **listo**.

juntarse – reunirse; encontrarse
to meet; to get together

- Tuve que cocinar para cinco adolescentes que **se juntaron** a estudiar en casa.
- ¿**Nos juntamos** el domingo a comer un asado?

ni loco/a – de ninguna manera; de ningún modo
no way; not on your life

- "¿Vamos al parque esta tarde?" "**Ni loca**, hace demasiado calor".
- **Ni loco** Juan va a ver esa película romántica. A él le gustan las de acción.

Note: Whether you say "ni loco" or "ni loca" is determined by the gender of the person speaking or being talked about.

mina – mujer, generalmente joven y sexy
woman; chick

• Anoche conocí una **mina** que me volvió loco.
• La novia de Nacho es una **mina** súper divertida.

Note: Used mostly in the southern countries of Latin America (Argentina, Bolivia, Chile, Paraguay, Uruguay) and in Spain.

---

verde de envidia – sentir envidia
green with envy

• Julieta está **verde de envidia** por mi ascenso.
• César no consiguió entradas para el concierto. Quedó **verde de envidia** cuando le dije que yo iba.

Qué casualidad – qué coincidencia
What a coincidence

• **Qué casualidad** encontrarte aquí. No sabía que vivíamos en el mismo barrio.
• ¡**Qué casualidad**! Yo también me voy a París la semana que viene.

---

qué raro – qué extraño
how strange; that's weird

• **Qué raro** que Ignacio no haya llegado, ¿le habrá pasado algo?
• Luciana no ha hablado por teléfono en toda la tarde, **qué raro**.

¿de acuerdo? – ¿estás / estamos de acuerdo?
agreed?; okay?

• Tú cocinas y yo voy al supermercado ¿**de acuerdo**?
• Nos encontramos a las ocho en la puerta del cine ¿**de acuerdo**?

Note: "Estar de acuerdo" means to be in agreement. Example: Estoy de acuerdo con las últimas medidas del gobierno.

---

aburrido / aburrir como una ostra – muy aburrido
very boring (literally: as boring as an oyster); to bore to death

• Estuve hablando con un tipo **aburrido como una ostra**.
• "¿Cómo lo pasaste anoche en la fiesta?" "Me **aburrí como una ostra**".

maldito/a – condenado *damn; cursed* • Me empapé los zapatos nuevos. **Maldita** lluvia. • Estoy harto de hacer ecuaciones. **Malditas** matemáticas.
memoria de elefante – mucha memoria *a great memory; the memory of an elephant* • El señor Gómez se sabe el nombre de todos los empleados de la fábrica. Tiene una **memoria de elefante**. • Tiene una **memoria de elefante**, recuerda cosas que hicimos hace veinte años.
vistazo – ojeada; vista rápida *glance; a quick look* • Voy arriba a darle un **vistazo** a los niños. Hay demasiado silencio. • Échale un **vistazo** a este artículo, está buenísimo.
sobrar – haber más de lo que se necesita; exceder *to be more than enough* • En la fiesta de fin de año **sobró** un montón de comida. • ¿Te compraste otro vestido? ¡Si te **sobra** ropa!

✍ PRACTIQUE LOS MODISMOS

Complete los espacios con las palabras que faltan:

1) Llevé mi traje a la tintorería. Estará _____ a mediodía.
   a) mojado
   b) listo
   c) estropeado

2) Me dijeron que esta película es estupenda. _____ loco me la pierdo.
   a) Casi
   b) Si
   c) Ni

3) Volvemos a reunirnos el lunes a las nueve. _____
a) ¿De acuerdo?
b) ¿El lunes?
c) ¿A las nueve?

4) El fin de semana fui al teatro y me aburrí como _____.
a) una langosta
b) una almeja
c) una ostra

5) Juan no registra los teléfonos en el celular. Tiene una memoria de _____ para los números.
a) jirafa
b) elefante
c) oso

6) Los vecinos están _____ desde que tenemos el auto nuevo.
a) aburridos como ostras
b) verdes de envidia
c) muy simpáticos

7) ¡Qué _____! Yo también soy de Tucumán.
a) casualidad
b) pesado
c) aburrido

8) Qué _____ que todavía no te hayan ascendido con todo lo que te esfuerzas.
a) bueno
b) raro
c) lógico

9) Oye, le di _____ a tu plano y creo que te va a quedar estupendo.
a) un vistazo
b) una mano de pintura
c) un golpe

10) ¿Nos _____ el viernes? Hace mucho que no nos vemos.
a) cambiamos
b) juntamos
c) acordamos

ANSWERS, P. 167

Me siento como sapo de otro pozo.

Lección 8

DESPUÉS DEL CINE

Liliana ha ido al cine con su amiga Irene y después van a tomar una copa. Irene bebe de más y un hombre mira demasiado a Liliana.

Liliana goes to the movies with her friend Irene, and then they go out for a drink. Irene drinks too much, and a man eyes Liliana.

Irene: Camarero, **otra copa igual**, por favor. ¿Estás segura de que no quieres más, Liliana?

Liliana: No, **en todo caso** pídeme una Coca-Cola.

Irene: ¿Una Coca-Cola? Ni loca. Con lo **bien** que te **caen** los cocteles. Te has reído como nunca.

Liliana: No, no, Irene, **basta**. Lo he **pasado muy bien** pero tengo que conducir y, mañana levantarme **antes de que cante el gallo**. Camarero, una Coca-Cola, por favor.

Irene: Este lugar me encanta. Aquel tipo de la **barra** te está mirando **hace rato**. En cuanto suban la música te va a **sacar a bailar**, vas a ver.

Liliana: **Te voy a matar**, Irene. Me trajiste a un bar de solos y solas. Me siento **como sapo de otro pozo**.

Irene: No **me di cuenta** de que era un **bar de levante**. Pero somos solas, ¿cuál es el problema? Yo, **en cambio**, estoy **como pez en el agua**.

Liliana: Yo no soy sola y no pienso bailar con un señor que no conozco. ¿Cómo se lo diría a Carlos mañana?

Irene: ¡Dile que te aburrías sin él y decidiste echarte una **cana al aire**!

Liliana: Irene, **eres un infierno**. Me voy ahora mismo, antes de que ese tipo **se meta conmigo**.

Irene: ¿Quieres decir que no te gustaría que intentara conquistarte?

Liliana: ¡Por supuesto que no!

Irene: ¿Y la Coca-Cola?

Liliana: Bébetela tú, que el alcohol se **te** ha **subido a la cabeza**.

Irene: **No es para tanto, tengo cultura alcohólica**.

Liliana: ¿Por qué no te vienes conmigo y te dejo en tu casa?

Irene: No, Liliana. Si tú te vas, tengo más posibilidades de que este tipo **buenmozo** me saque a bailar a mí. Y no te preocupes por las copas, que por eso vine en taxi.

MODISMOS Y EXPRESIONES: LECCIÓN 8

otra (copa) igual – otra bebida igual a la que estaba bebiendo
another of the same (drink)

- Camarero, **otra igual**, por favor.
- ¿Te pido **otro igual**? Este coctel es delicioso.

en todo caso – en vez de; en lugar de; como máximo; como mínimo
in any case

- No iremos a saludar a mi tía por su cumpleaños. **En todo caso**, la llamaremos por teléfono.
- No tengo hambre para cenar ahora. **En todo caso**, después me preparo un sándwich.

caer bien / mal – gustar o no; tener buena o mala acogida; resultar bueno o malo para la salud
to like or dislike someone or something; to make someone feel good or bad

• No me siento bien. Creo que los mariscos me **cayeron mal**.
• El marido de Carmen me **cae bien**, parece un buen tipo.

basta – ya es suficiente
(it's) enough

• **Basta**. Ya lo hemos discutido demasiado.
• **Basta** de televisión, es hora de ir a dormir.

pasarlo bien – pasar un buen rato; estar a gusto
to have a great time

• Carlos y yo **lo pasamos muy bien** cuando salimos.
• ¡Qué **bien lo pasamos** anoche!

antes de que cante el gallo – muy temprano
very early (literally: before the rooster crows)

• Tengo insomnio. Hoy me desperté **antes de que cante el gallo**.
• Mañana tengo que estar en el aeropuerto **antes de que cante el gallo**.

barra – mostrador de un bar o restaurante
the bar area of a bar or restaurant

• La chica se sentó en la **barra** porque no había ninguna mesa libre.
• Me gusta tomar un whisky en la **barra** del bar.

hace rato – hace un tiempo, generalmente corto
for a while; a while ago; some time ago

• **Hace rato** que te estoy llamando y tu teléfono está ocupado.
• Le avisé **hace rato** que la cena esta lista, ahora debe de estar fría.

sacar a bailar – pedirle a alguien para bailar
to ask somebody to dance

• En la fiesta me **sacó a bailar** un tipo que estaba borracho.
• Mi esposa se queja de que no la **saco a bailar**. ¡Ya sabe que odio bailar!

te voy a matar – metafóricamente: me voy a vengar; no sé qué voy a hacer contigo
I'm going to kill you (metaphorically)

• Me dijiste que la reunión era informal y vine en jeans. **Te voy a matar**, ¡mira cómo están vestidos los demás!
• ¡Mira el desorden que han dejado tus amigos! ¡**Los voy a matar**!

como sapo de otro pozo – sentirse fuera de ambiente; desubicado
like a fish out of water; feeling out of place (literally: like a toad from another well)

• Pobre Darío. Es nuevo en el trabajo y está **como sapo de otro pozo**.
• Detesto las fiestas. Siempre me siento **como sapo de otro pozo**.

darse cuenta – caer en la cuenta; advertir
to realize

• No **me di cuenta** de nada hasta que sentí el golpe del auto contra el camión.
• ¿No **te das cuenta** de que Roberto está loco por ti?

bar de levante – bar para conocer gente, generalmente para tener un romance
pick-up joint

• Patricia está desesperada por conseguir novio. Esta noche quiere ir a un **bar de levante**.
• Rodolfo y Manuela se conocieron en un **bar de levante** y hace quince años que están juntos.

Note: This is a naughty expression. In Spain, they say "bar de ligue," which is more polite.

en cambio – por el contrario
on the other hand; by contrast

• Julieta va al cine una vez por semana. **En cambio**, yo no salgo nunca.
• El jefe llamó a Liliana para felicitarla por su desempeño. **En cambio**, a mí, que me esfuerzo tanto, no me dice nada.

como pez en el agua – sentirse como en casa; sentirse cómodo en el ambiente
to be in one's element; to feel comfortable in the environment (literally: like a fish in the water)

• A Florencia le encanta viajar. Se siente **como pez en el agua** en lugares exóticos.
• Gustavo es muy desenvuelto. Cuando hace una presentación en la oficina, se siente **como pez en el agua**.

---

cana al aire – diversión ocasional
a fling; something one does for fun once in a while

• Una vez le fui infiel a mi esposo, pero no fue más que una **cana al aire**.
• Hoy voy a fumar un cigarrillo. Una **cana al aire** no le hace mal a nadie.

Note: "echar una cana al aire" means to have a fling or to let one's hair down

---

ser un infierno – comportarse mal
to misbehave; to be naughty

• No queremos tener niños. **Son un infierno**.
• No puedo confiar en ti. **Eres un infierno**.

---

meterse con – abordar a alguien, encarar a alguien
to hit on; to make a pass at; to bother somebody

• Una compañera de trabajo **se** quiso **meter conmigo**. La voy a acusar de acoso sexual.
• Héctor es un tipo tranquilo. No **se mete con** nadie y todo el mundo lo quiere.

---

subirse a la cabeza – irse a la cabeza las bebidas alcohólicas o el poder, la fama, el éxito
to go to one's head (alcohol, power, fame, success)

• Juan es abstemio. Si toma un trago de cerveza **se** le **sube a la cabeza**.
• Natalia está insoportable. El éxito **se** le **subió a la cabeza**.

no es para tanto – no es tan importante; no exageres
it's not that bad; it's no big deal; there's no need to make a fuss

• Me dijeron que esa película ganó muchos premios, pero creo que **no es para tanto**.
• ¿Quieres que vaya al médico por un resfrío? ¡**No es para tanto**!

tener cultura alcohólica – saber sobre bebidas alcohólicas; irónicamente: beber habitualmente y ser capaz de manejarlo
to be able to handle one's alcohol

• Roberto no se emborracha nunca porque **tiene cultura alcohólica**.
• El pesado de tu cuñado se cree muy culto, pero lo único que **tiene** es **cultura alcohólica**.

buenmozo – atractivo
handsome

• Es mal actor, pero es muy **buenmozo**.
• El marido de Carla es **buenmozo**, pero es aburrido como una ostra.

Note: "Buenmozo" is an adjective used mostly for men, rarely for women ("buenamoza"). This is sometimes written as two words: buen mozo / buena moza.

✍PRACTIQUE LOS MODISMOS

Escoja el mejor sustituto para la frase en negrita:

1) No voy a dar el examen ahora. **En todo caso**, me voy a presentar en el próximo período.
   a) En vez de eso
   b) Si mis padres me dejan
   c) Si tengo ganas

2) Mi hermana se quedó una semana en casa con sus niños. Son adorables pero **son un infierno**.
   a) son cinco
   b) me cansan
   c) se portan mal

3) Lucía es enfermera y entra a trabajar **antes de que cante el gallo**.
   a) muy temprano
   b) muy tarde
   c) a mediodía

4) En la fiesta del matrimonio **saqué a bailar** a la novia.
   a) estuve persiguiendo
   b) felicité
   c) le pedí que bailara conmigo

5) Paula se siente **como pez en el agua** en los congresos.
   a) ansiosa
   b) en su ambiente
   c) como sapo de otro pozo

6) El hijo de los vecinos toca la batería los domingos a la hora de la siesta. Cualquier día **lo voy a matar**.
   a) le diré que me molesta mucho
   b) le voy a pedir que practique más tiempo
   c) le pediré que me enseñe

7) A Luisa **le caen mal** las frutillas porque le dan alergia.
   a) no le gustan
   b) le hacen mal
   c) le fascinan

8) Si alguien **se mete contigo**, llámame y le enseñaré lo que es bueno.
   a) se te acerca
   b) te molesta
   c) te gusta

9) No bebas alcohol que luego **se te sube a la cabeza**.
   a) tienes que conducir
   b) te sientes mareado
   c) tendrás que ir a Alcohólicos Anónimos

10) ¡Qué **buenmozo** es ese chico!
   a) feo
   b) inteligente
   c) atractivo

ANSWERS, P. 167

Ya me siento como la mona.

Lección 9

EN LA BOCA DEL LOBO

Anita y su novio Gabriel están en el parque en la noche. Sus amigos se han ido, Anita ha bebido de más y ahora se siente fatal y está asustada.

Anita and her boyfriend Gabriel are in the park at night. Their friends have left. Anita has drunk too much and now feels very bad and is scared.

Gabriel: Qué noche tan romántica. ¡**Hagamos el amor**!

Anita: No, Gabriel, por favor, hoy no **estoy de humor**. **Además**, este parque es una **boca de lobo**. Ahora que los demás chicos se fueron, me da miedo.

Gabriel: Si quieres nos vamos. Mete la cerveza en tu mochila. **La frutilla de la torta** sería que ahora nos agarrara la policía con la botella.

Anita: La policía **hace la vista gorda**, no te preocupes.

Gabriel: No con nosotros, que somos menores.

Anita: Anda, dame otro **trago**. Tengo que **ahogar las penas**.

Gabriel: Hablando de tragos, Anita, sé que **estás pasando un mal trago**, pero ¿no crees que ya bebiste bastante? Te va a hacer mal.

Anita: Ya **me siento como la mona**.

Gabriel: Te lo dije. No hay que tomar cuando uno está **angustiado**, eso **está en la tapa del libro**. Además, tienes que **estar sobria** antes de llegar a tu casa. Si tu vieja te ve en este estado **se va a armar**. Vamos a tomar un café.

Anita: **Eres un libro abierto**. Pero ¿qué quieres? Enterarte de que tu madre **miente como un bellaco no es soplar y hacer botellas**.

Gabriel: Pues **al mal tiempo, buena cara**. Mañana lo verás desde otra perspectiva y tal vez puedas hablar con ella.

Anita: Mañana le voy a **decir de todo**.

Gabriel: No seas impaciente, Anita. Primero tienes que **escuchar la otra campana**.

Anita: ¿Me **seguirás** queriendo si vomito?

Gabriel: Lo intentaré. Vamos, necesitas tomar ese café.

MODISMOS Y EXPRESIONES: LECCIÓN 9

hacer el amor – tener sexo
to make love

• Estoy agotado. Anoche Nati y yo **hicimos el amor** hasta que amaneció.
• Claro que está irritable, ¡si hace meses que no **hace el amor**!

estar de humor – estar de ánimo
to be in the mood; to feel like doing something

• Pidamos unas pizzas, no **estoy de humor** para cocinar.
• Hace un montón de tiempo que no voy al cine, Enrique nunca **está de humor** para salir.

además – también; por otra parte
besides; in addition

• Después del trabajo tengo que ir al supermercado. **Además**, tengo que pasar por la tintorería y la biblioteca.
• Tus argumentos no me convencen. **Además**, los hechos demuestran lo contrario.

boca de lobo – un lugar oscuro o peligroso
a dark or dangerous place; a lion's den (literally: a wolf's mouth)

• El alumbrado público es malísimo. Toda la ciudad es una **boca de lobo**.
• El oficial estaba investigando las operaciones de la mafia y se metió en una **boca de lobo**.

la frutilla de la torta – la guinda del pastel; lo que da una terminación a algo
the icing on the cake; the finishing touch

• Una buena foto sería **la frutilla de la torta** para tu presentación.
• Hoy se me rompió la lavadora y tuve que llevar a Guille al médico. Quedarme sin gasolina sería **la frutilla de la torta**.

hacer la vista gorda – hacer como que uno no ve una cosa; dejar pasar algo mal hecho
to turn a blind eye

• Mi jefa está muy conforme con mi trabajo. Por eso **hace la vista gorda** cuando llego tarde.
• La aduana **hace la vista gorda** con el contrabando a pequeña escala.

trago – todo el líquido que se puede beber de una sola vez; bebida alcohólica
swallow; drink (informal)

• Dame un **trago** de tu copa, sólo para probar ese vino.
• Nos fuimos de parranda y tomamos unos **tragos**.

ahogar las penas – tomar alcohol para olvidar las preocupaciones
to drown one's sorrows

• María Paz estaba en el bar **ahogando sus penas**.
• Ha sido un día difícil. Vamos a tomar unas cervezas y a **ahogar las penas**.

pasar un mal trago – pasar por una situación difícil
to go through a difficult time

• Verónica **pasó un mal trago** con la enfermedad de su padre.
• Cuando me despidieron **pasé un mal trago**, pero ahora tengo un trabajo mejor.

sentirse como la mona – sentirse muy mal
to feel very bad (literally: to feel like a monkey)

• Avisé al Departamento de Personal que me voy a casa. **Me siento como la mona**.
• A Patricia le cayó mal algo que comió y **se siente como la mona**.

---

angustiado/a – afligido; ansioso; dolorido
anguished; distressed

• El psiquiatra le recetó antidepresivos porque está muy **angustiado**.
• Sofia está **angustiada** desde que el novio se fue, y llora todo el día.

---

estar en la tapa del libro – ser algo muy sabido; ser algo básico u obvio
to be something basic or obvious (literally: to be on the cover of the book)

• Es increíble que no lo supieras. ¡Si **está en la tapa del libro**!
• Si tienes fiebre no debes enfriarte. **Está en la tapa del libro**.

---

estar sobrio/a – no estar borracho; no estar bajo los efectos del alcohol
to not be drunk; to sober up

• Si vas a regresar en el coche de Pablo, asegúrate de que **esté sobrio** para conducir.
• ¡No voy a hablar contigo en ese estado! Hablaremos cuando **estés sobrio**.

---

se va a armar – se va armar lío o alboroto
all hell's going to break loose

• ¡La que **se va a armar** cuando tus padres se enteren!
• Si vuelve a amenazarme, **se va a armar**.

---

ser un libro abierto – ser sabio; saber muchas cosas
to know many things; to be wise (literally: to be an open book)

• Mi psicólogo siempre me da buenos consejos, **es un libro abierto**.
• Raquel **es un libro abierto**, me dio la solución que necesitaba.

mentir como un bellaco – mentir mucho
to lie very often; to lie through one's teeth

• No le creas. Francisco **miente como un bellaco**.
• No sé si Sonia me dice la verdad o **miente como un bellaco**.

Note: "un bellaco" is a scoundrel or a wicked person

---

no es soplar y hacer botellas – darse cuenta de que algo no es tan fácil como se creía
to realize that something is more difficult than you thought (literally: to make bottles is more difficult than just blowing)

• Me tuve que quedar hasta tarde en la oficina. Este trabajo **no es soplar y hacer botellas**.
• Tomás no estudió nada y el examen **no es soplar y hacer botellas**.

---

al mal tiempo, buena cara – enfrentar con buen ánimo algo difícil
to face something hard with good spirits (literally: to bad weather, a good face)

• Es un momento difícil para nosotros, pero **al mal tiempo, buena cara**.
• Lucía tiene mucho ánimo. Siempre le está poniendo **al mal tiempo, buena cara**.

---

decir de todo – insultar
to give one a piece of one's mind; to tell off; to insult someone

• Carlos me sacó de mis casillas y le **dije de todo**.
• Marta le **dijo de todo** a su hija porque llegó tarde a casa.

---

escuchar la otra campana – escuchar la otra versión
to hear the other side of the story (literally: to hear the other bell)

• Antes de juzgar, quiero **escuchar la otra campana**.
• Es una decisión difícil. Está bien que tengas en cuenta la opinión de Juan, pero también debes **escuchar la otra campana**.

---

seguir – continuar
to continue; to keep on

• Hace tiempo que no te veía. ¿**Sigues** yendo al club?
• Fiorella **sigue** fumando a pesar de lo que dijo el médico.

✍ PRACTIQUE LOS MODISMOS

Complete los espacios con las palabras que faltan:

1) No me gusta esta discoteca. Está tan oscura que parece una _____.

a) iglesia b) trampa c) boca de lobo

2) El show de magia fue la _____ de la torta en la fiesta de la oficina.

a) frutilla b) manzana c) uva

3) Este estudiante tiene muchas faltas, pero haré _____ porque se esfuerza mucho.

a) que pierda el curso b) la vista gorda c) trampa

4) Es el colmo que Cristina haya dicho eso de mí. Cuando la vea _____.

a) se va a armar b) la voy a felicitar c) me haré la distraída

5) Hay que ir muy bien preparado a las entrevistas de trabajo. Está en la _____ del libro.

a) primera página b) lomo c) tapa

6) Eduardo es _____. Su conferencia estuvo muy interesante.

a) un libro abierto b) un estúpido c) aburrido

7) Margarita se dio a la bebida para _____. Me da mucha lástima.

a) divertirse b) ahogar las penas c) apagar la sed

8) Diana no va a ir a la escuela. Se siente como _____.

a) el simio b) el pez c) la mona

9) Bueno, basta de lamentaciones y _____.

a) lloremos b) pidamos consejo c) al mal tiempo, buena cara

10) No puedo condenar a Osvaldo sin _____.

a) pegarle b) tu opinión c) escuchar otra campana

ANSWERS, P. 167

Lección 10

LA MAÑANA SIGUIENTE

Liliana lleva a Anita al colegio. Anita bebió la noche anterior y no se encuentra bien. La discusión aumenta de tono hasta terminar en un portazo.

Liliana drives Anita to school. Anita drank last night and now she's not feeling well. The discussion heats up and ends with a door slam.

Liliana: Anita, te ves **pálida como un muerto**.

Anita: Es que creo que me estoy muriendo.

Liliana: Anita, ¡estás con **resaca**! Estoy tan enojada que **me subo a las paredes**. ¡Sabes que no puedes beber alcohol!

Anita: Sólo tomé un poco de cerveza.

Liliana: ¿Un poco? **No nací ayer**. ¡Te **pasaste de copas**!

Anita: No, sólo bebí un poco.

Liliana: No te creo, **se te nota a la legua**.

Anita: ¿Por qué no me crees? Yo no miento.

Liliana: Anita, dime la verdad: ¿qué tomaste?

Anita: Cerveza, te prometo.

Liliana: ¿Y fumaste? ¿Fumaste tabaco o **fumaste porros**?

Anita: Mamá, ¡yo no fumo! Tomé un poco de cerveza y me cayó mal. Eso es todo. **Se me parte la cabeza, déjame en paz**.

Liliana: No me hables así. Un poco de respeto con tu madre.

Anita: Me estás **mojando la oreja**. ¿Para qué te voy a hablar si no me crees? Yo no miento.

Liliana: Sí me estás mintiendo. Anita, ya no sé qué hacer contigo. Para mí **es evidente** que tienes un problema. Esta tarde vamos a hablar en serio con tu padre.

Anita: Tú mientes más que yo.

Liliana: Cuidado con lo que dices. ¡Y no me cierres la puerta de un **portazo**!

MODISMOS Y EXPRESIONES: LECCIÓN 10

pálido/a como un muerto – muy pálido
deathly pale (literally: pale as a dead person)

• Me puse **pálido como un muerto** y me desmayé.
• Cuando dono sangre, me impresiono tanto que me pongo **pálido como un muerto**.

resaca – lo que queda en la arena al bajar la marea; malestar después de beber demasiado
hangover; aftermath

• Tengo una terrible **resaca** después de la parranda de anoche.
• Bajé a la playa después de la tormenta. En la **resaca** siempre encuentro elementos interesantes para mis collages.

Note: In some countries of Latin America, "cruda" is used for hangover.

subirse a las paredes – trepar las paredes, estar muy ansioso o enojado
to be very anxious or angry (literally: to climb the walls)

• Es su último examen y está que **se sube a las paredes** de los nervios.
• Mi viejo **se subía a las paredes** cuando se enteró.

no nací ayer – saber por experiencia; no ser fácil de engañar
I wasn't born yesterday; I know from experience

• No me engañas, **no nací ayer**.
• Félix piensa que me creo sus mentiras, pero yo **no nací ayer**.

pasarse de copas – tomar demasiado alcohol
to drink too much alcohol

• ¡Diviértanse y no **se pasen de copas**!
• Cuando **se pasa de copas** no para de decir tonterías.

notarse a la legua – notarse de lejos
to be able to tell from a mile away; to be obvious

• **Se nota a la legua** que a Raúl le gusta esa chica.
• No me digas que no estás angustiada. **Se** te **nota a la legua**.

Note: In some countries of Latin America, "a leguas" is used instead of "a la legua". "Legua" (league) is an ancient unit of length.

fumar porros – fumar cigarrillos de marihuana o hash
to smoke marijuana or hash cigarettes

• Belén va por mal camino. Creo que está **fumando porros**.
• ¿Vamos al jardín y nos **fumamos un porro**?

se me parte la cabeza – tener un fuerte dolor de cabeza
my head is killing me

• ¿Quieres bajar la música, por favor? **Se me parte la cabeza**.
• Lucas sufre de migrañas. Pobre, **se le parte la cabeza**.

déjame en paz – no me molestes
leave me alone; leave me in peace; don't bother me

• Ya te dijo que no quiere salir contigo, **déjala en paz**.
• ¿No crees que ya ha tenido suficiente por hoy? **Déjalo en paz**.

mojar la oreja – provocar; buscar pelea
to pick a fight (literally: to wet the ear)

• Santiago le estuvo **mojando la oreja** a Lucas hasta que, al final, quedó con un ojo morado.
• Los hinchas de fútbol siempre les **mojan la oreja** a los del equipo contrario.

es evidente (que) – es obvio
it's obvious (that)

• **Es evidente** que el empleado nuevo no tiene las competencias requeridas.
• Perdimos otro partido. **Es evidente** que no nos estamos esforzando.

portazo – golpe de la puerta al cerrarse con fuerza
slam of a door

• Carmen y Leandro se pelearon a gritos hasta que él se fue dando un **portazo**.
• Estaba tan indignada que, cuando me bajé del auto, le cerré la puerta de un **portazo**.

✍ PRACTIQUE LOS MODISMOS

Escoja el mejor sustituto para la frase en negrita:

1) No me gusta tu nueva amiga. **Se pasa de copas** y luego se va conduciendo.
   a) Come demasiado
   b) Toma demasiado alcohol
   c) Habla demasiado

2) El estafador no pudo engañarme. **No nací ayer**.
   a) Tengo 12 años.
   b) Él era bastante tonto.
   c) A mi edad ya tengo experiencia.

3) María **se sube a las paredes** antes de los exámenes.
   a) estudia
   b) se pone muy nerviosa
   c) hace yoga

4) Marcos fue a donar sangre, le bajó la presión y quedó **pálido como un muerto**.
   a) muy pálido
   b) impresionado
   c) internado en el hospital

5) A Gloria **se le nota a la legua** la cirugía estética.
   a) se le nota claramente
   b) le quedó muy bien
   c) le vendría bien hacerse

6) En algunos países es legar **fumar porros**, pero es ilegal vender marihuana.
   a) el aborto
   b) fumar tabaco
   c) fumar cigarrillos de marihuana

7) ¿Tienes un analgésico? **Se me parte la cabeza**.
   a) Me duele la cabeza.
   b) Tengo un calambre.
   c) Me duelen las piernas.

8) Me tienes harta con tus mensajes de texto. **Déjame en paz**.
   a) No los voy a responder.
   b) No me molestes más.
   c) Se llenó la memoria de mi celular.

9) Los hijos no le hacen caso a Ernesto. **Es evidente** que tiene un problema de autoridad.
   a) Es débil
   b) Es autoritario
   c) Es obvio

10) ¿Qué le pasa a Víctor? Cuando se fue **dio un portazo** impresionante.
   a) cerró la puerta con un ruido
   b) me dijo algo
   c) tenía una cara de loco

ANSWERS, P. 167

Me tomé los vientos.

Lección 11

CONFIDENCIAS

Liliana e Irene hablan en la oficina sobre la noche anterior y Liliana le cuenta a Irene su preocupación por el comportamiento de Anita.

Liliana and Irene are at the office talking about last night. Liliana tells Irene her concerns about Anita's behavior.

Liliana: Hola Irene. Hoy **te tocó** a ti llegar tarde.

Irene: ¡Uf! Me siento fatal.

Liliana: ¿**Te levantaste al** tipo de la barra?

Irene: Tú sí que **no tienes pelos en la lengua** ¿eh? ¡Qué forma de hablar para una señora casada de cierta edad! ¿No podrías ser menos directa?

Liliana: No, ¿para qué perder el tiempo? ¿Te lo levantaste o no?

Irene: No, Liliana, ya no quedan hombres disponibles que **valgan la pena**. Era casado. Por supuesto que no me lo dijo, pero tengo un método infalible para saberlo. **Me tomé los vientos** quince minutos después que tú.

Liliana: Menos mal. Yo también tengo un mal día. No creo que pueda terminar **a tiempo** la demo de Tiendas Santa María. Y esta mañana ya tuve un **altercado** con Anita.

Irene: ¿Qué pasó con Anita?

Liliana: Que anoche salió con el novio y un grupo de amigos y llegó tardísimo. Y no te imaginas la cara que tenía. Estuvo bebiendo. Y me preocupa que **se meta en** asuntos de drogas.

Irene: ¿Anita? No, Liliana, no he visto una chica más sana que ella. **Me huele** que no tiene problemas de alcohol o de drogas. Mira que para eso **tengo un sexto sentido**.

Liliana: **Dios te oiga**. Tampoco sé qué pasa con Gabriel, su novio.

Irene: ¿Quieres saber si se acuesta con él?

Liliana: No lo sé. A veces parece tan chica. Es una niña.

Irene: ¿Cuánto hace que **sale con** este chico?

Liliana: Como un año.

Irene: Entonces tiene sexo. ¡Que lo **disfrute**! Y **haz el favor de** hablar con ella y que se cuide, no sea que le **peguen** el sida* o la dejen preñada.

Liliana: Irene, ¡**qué cosas dices**! Contigo, mi día va **de mal en peor**.

* el sida – AIDS

MODISMOS Y EXPRESIONES: LECCIÓN 11

tocarle – corresponderle algo a alguien
to be one's turn to do something

- Mañana tengo que irme temprano porque **me toca** abrir la tienda.
- Es el día de la madre. ¡Al fin **me tocó** que me regalen y me atiendan!

levantarse a – seducir a
to seduce

- La otra noche **me levanté a** una chica espectacular en la discoteca.
- Lucía es una seductora, **se levanta a** todos los tipos.

no tener pelos en la lengua – hablar franca y directamente
to not mince words; to be outspoken

- Mamá **no tiene pelos en la lengua**, me preguntó directamente si me estoy acostando con Enrique.
- Juliana me dijo que estoy gorda. No me gusta estar gorda, pero me alegro de tener una amiga que **no tiene pelos en la lengua**.

valer la pena – estar bien empleado el trabajo que cuesta; merecer la pena
to be worth the effort; to be worth bothering with

• **Vale la pena** pedir un préstamo hipotecario y no pagar alquiler.
• No **vale la pena** que te preocupes tanto por ese trabajo, con lo mal que te pagan.

---

tomarse los vientos – pirarse; irse por lo general rápidamente
to leave; to take off (literally: to take the winds)

• En cuanto la cosa se complicó, **me tomé los vientos**.
• Juanita estaba tan cansada del marido, la casa y los hijos que **se tomó los vientos**.

---

a tiempo – en el plazo previsto
on time

• Espero que lleguemos **a tiempo** para tomar el avión.
• Alejandro tiene cáncer de próstata, pero el médico le dijo que menos mal que se lo descubrieron **a tiempo**.

---

altercado – fuerte discusión
dispute; disagreement

• Todo el mundo opinaba diferente y se armó un **altercado**.
• Tuve un **altercado** con el vecino porque me podó los jazmines del cerco.

---

meterse en – involucrarse en
to be involved in; to get involved in

• No sé en qué anda Fermín. Tengo miedo de que **se meta en** problemas.
• Este asunto me huele mal. Te aconsejo que no **te metas en** eso.

---

olerse – intuir que algo no es lo que parece; intuir que algo es deshonesto o turbio
to sense; to suspect

• Laura se fue unos días a lo de su madre. **Me huele** que algo anda mal en esa pareja.
• Cecilia no entró en el negocio porque **se olió** algo raro desde el principio.

tener un sexto sentido – percibir cosas que no se perciben con los cinco sentidos
to have a sixth sense

• Ana **tiene un sexto sentido** para saber cuándo el jefe llega temprano.
• Creo que Pablo está en problemas. **Tengo un sexto sentido** con mis hijos.

Dios te oiga – ojalá
hopefully; I hope to God

• "Espero que la novia de Nacho no esté embarazada". "**Dios te oiga**".
• "Creo que el jefe te va a dar un ascenso". "**Dios te oiga**".

---

salir con – tener un novio o novia de un modo algo informal
to have a boyfriend or a girlfriend in an informal way; to date

• Hace dos años que **salgo con** Camilo y no hemos hablado de vivir juntos.
• Creo que Carolina está **saliendo con** alguien.

---

disfrutar – percibir el placer; gozar
to enjoy

• Me encanta trabajar en el jardín. **Disfruto** el contacto con la naturaleza.
• Camila tiene unos kilos de más, pero me gusta verla **disfrutar** de la comida.

---

haz el favor de – por favor
please; do me a favor and...

• **Haz el favor de** dejar limpia la cocina cuando termines con el pastel.
• **Haz el favor de** llegar temprano porque estamos retrasados con el trabajo.

---

pegar – contagiar
to spread (an illness)

• En casa se les **pegó** el sarampión a todos los niños al mismo tiempo.
• Tápate la boca cuando tosas que me vas a **pegar** la gripe.

¡Qué cosas dices! – expresa extrañeza, desagrado o vergüenza por lo dicho
What are you talking about?

• ¡**Qué cosas dices**! No soy ni mejor ni peor que nadie en el trabajo.
• "Te confieso que he matado veintisiete personas y las enterré en el jardín". "Pero ¡**qué cosas dices**! ¡Qué humor negro! ... ¡Socorro!!!"

de mal en peor – cada vez peor
from bad to worse

• Las cosas van **de mal en peor**. Cada mes ganamos menos dinero.
• Con Matías vamos **de mal en peor**, cada día discutimos más.

✍ PRACTIQUE LOS MODISMOS

Complete los espacios con las palabras que faltan:

1) Que no se queje. Alguna vez tenía que _____ lavar los platos.

a) perderle b) perdonarlo c) tocarle

2) Alcancé a ver la cara del tipo que me robó el bolso, pero se tomó _____.

a) los vientos b) una cerveza c) vacaciones

3) Dina _____ mucho de una buena novela, creo que le regalaré un libro.

a) sufre b) sabe c) disfruta

4) Si no te das prisa, no llegarás _____ a tu propia boda.

a) vestido b) adrede c) a tiempo

5) María dice todo lo que piensa. No _____ pelos en la legua.

a) pierde b) tiene c) habla

6) Nicolás no me cae nada bien. Siempre _____ asuntos turbios.

a) se mete en b) me cuenta c) critica los

7) Paula reza para conseguir trabajo. Dios la _____.

a) oiga b) de c) perdone

8) Me dijo la maestra de Leo que sus compañeros se rieron de él. A mí ya me _____ raro que el niño no quisiera ir a la escuela.

a) sabía b) olía c) veía

9) Mi ex marido está _____ mi mejor amiga. No me hace ninguna gracia.

a) saliendo con b) conversando con c) preguntando por

10) La economía va _____. A las cifras de desempleo, ahora se suma la inflación.

a) viento en popa b) estupendamente c) de mal en peor

ANSWERS, P. 167

Lección 12

EL GRAN JEFE

Rodríguez, el jefe de Liliana, no parece darse cuenta de que Liliana no puede sacar adelante el proyecto sola. Liliana se enoja con él y se pone sarcástica.

Rodriguez, Liliana's boss, seems not to realize that Liliana can't handle the project alone. She gets angry with him and turns sarcastic.

Liliana: La demo está quedando fantástica. Los de Tiendas Santa María van a **quedar impresionados** con el sistema.

Rodríguez: Qué bien, Liliana, yo sabía que podía confiar en usted **con los ojos cerrados**.

Liliana: Pues hablando de ojos, yo **no pego un ojo** pensando en los plazos de la puesta en marcha.

Rodríguez: ¿Cómo se va a preocupar por esa **tontería**, si usted **es una luz**?

Liliana: Gracias, Rodríguez, pero ¿cuántos técnicos me va a asignar?

Rodríguez: Bueno, no tengo a nadie disponible en este momento, todos están asignados a proyectos urgentes.

Liliana: Rodríguez, aquí siempre todo es **para ayer**. No estará pensando en **cargarme con** el proyecto a mí sola.

Rodríguez: En realidad, sí, estaba pensando que usted, que es tan capaz, **se las** podría **arreglar** sola.

Liliana: ¿No quiere que además le lustre los zapatos? Rodríguez, esto es **insólito**. ¿Usted se acuerda de que el módulo de logística no está desarrollado? Necesito **por lo menos** dos personas.

Rodríguez: Nunca la había visto tan enérgica. Me gusta la gente con personalidad. Bien, **veré qué puedo hacer**.

Liliana: **Más le vale** que consiga esos dos técnicos o el proyecto va a **fracasar rotundamente**.

Rodríguez: Bueno, bueno, **no se ponga así**.

Liliana: Además, Rodríguez, usted me llamó ayer a mi casa.

Rodríguez: Sí, ¿y **qué tiene de malo**?

Liliana: Que tengo un horario y, fuera del trabajo, tengo una vida. Le **pido de rodillas** que no me vuelva a llamar a casa.

Rodríguez: Está bien, Liliana. ¿Quién me **atendió el teléfono** y me pasó con usted?

Liliana: Mi hija, ¿por qué?

Rodríguez: Porque tiene una bonita voz y estamos buscando una telefonista.

Liliana: Pues **pare** con las telefonistas y busque programadores. Nos vemos, Rodríguez.

MODISMOS Y EXPRESIONES: LECCIÓN 12

quedar impresionado/a – quedar impactado
to be impressed

- El profesor de Historia se **quedó impresionado** con mi examen.
- Los auditores **quedaron impresionados** con nuestro cumplimiento de las normas.

con los ojos cerrados – con confianza
with confidence (literally: with one's eyes closed)

- Le puedo dejar los niños a mi madre **con los ojos cerrados**.
- No tienes que decirme para qué necesitas el dinero. Yo te lo presto **con los ojos cerrados**.

no pegar un ojo – no poder dormir
to not sleep a wink; to be unable to sleep

• Quedé tan nervioso que **no** pude **pegar un ojo** en toda la noche.
• Con el niño enfermo, Clara **no pegó un ojo** desde las tres de la mañana.

---

tontería – cosa tonta o sin importancia
silly thing; trivial matter; nonsense

• Preocuparse de un kilo más o menos es una **tontería**.
• Es una **tontería** no estudiar para una prueba. Después tienes que estudiar el doble para el examen.

---

ser una luz – ser muy rápido o muy inteligente
to be very fast or very smart

• Javier resolvió los problemas en dos minutos, **es una luz**.
• Santiago **es una luz** en la cocina. Preparó la cena en un ratito.

---

para ayer – urgente; los plazos ya vencieron
very urgent (literally: for yesterday)

• Rodríguez me estresa, siempre quiere todo **para ayer**.
• "¿Para cuándo lo quiere?" "En realidad, lo quiero **para ayer**".

---

cargar con – llevar el peso de algo, material o en sentido figurado
to take on; to bear; to be burdened with

• No pienso **cargar con** todas las tareas domésticas yo sola.
• Lo malo de trabajar por tu cuenta es que **cargas con** toda la responsabilidad.

---

arreglárselas – solucionar los problemas uno mismo; desempeñarse; manejarse
to manage something oneself; to get by; to cope

• No necesito tu ayuda, puedo **arreglármelas**.
• ¿Podrás **arreglártelas** solo con tanto trabajo?

---

insólito – desacostumbrado; increíble; raro; extraño
unusual; unbelievable; weird

• ¿No te parece **insólito** que Luis se haya casado? Yo creo que es gay.
• Es **insólito** que le hayan subido el sueldo a Marta. Nunca hace nada.

por lo menos – al menos; como mínimo
at least

• Me faltan **por lo menos** diez años de trabajo para jubilarme.
• Mamá, esto no alcanza para nada. Dame **por lo menos** 100 pesos.

ver qué se puede hacer – buscar una solución
to look for a solution; to see what can be done

• Voy a **ver qué se puede hacer** con los fusibles. No podemos estar sin luz hasta que al electricista se le ocurra venir.
• No se preocupe. **Veré qué se puede hacer** para solucionar esto.

más le vale – es mejor para él/ella; le convendría más (irónico)
it would be better for him/her; he/she would be better off (ironic)

• A Fernando le va pésimo en el colegio. **Más le vale** que se ponga a estudiar.
• "Te juro que no volveré a serte infiel". "**Más te vale**".

fracasar rotundamente – fracasar definitivamente; fracasar sin lugar a dudas
to fail miserably

• Los representantes de los países en conflicto declararon que las negociaciones **fracasaron rotundamente**.
• Debemos aceptar que la nueva línea de productos **fracasó rotundamente**.

Note: The form "rotundo fracaso" is also used. Example: La selección nacional de fútbol obtuvo un rotundo fracaso ante los rivales de Santo Tomás.

no se ponga así – no se enoje
don't get like that; don't get angry

• Papá, **no te pongas así**, puedo explicártelo.
• Bueno, **no te pongas así**, no vale la pena. Ya encontrarás una solución.

¿qué tiene de malo? – ¿por qué está mal?
What's wrong?

• Anita, ¿**qué tiene de malo**? Sólo voy a ir al cine con una amiga.
• Se enojó porque usé su celular. ¿**Qué tiene de malo**?

pedir de rodillas – pedir por favor; rogar *to ask for; to beg (literally: to ask for something on one's knees)* • Te **pido de rodillas** que me perdones. • Liliana renunció y el jefe le **pidió de rodillas** que se quedara.
atender el teléfono / la llamada – tomar la llamada; levantar el teléfono; responder el teléfono *to take the call; to pick up the phone; to answer the phone* • Estoy en la ducha. ¿Quieres **atender el teléfono**, por favor? • No **atendí tu llamada** porque se me acabó la batería y se apagó el celular.
pare – basta *stop* • **Pare** de mirar su celular y présteme atención. • **Pare** de gritarme y escuche.

✍ PRACTIQUE LOS MODISMOS

Escoja el mejor sustituto para la frase en negrita:

1) No me gusta que **atiendas** mi celular.
   a) tomes las llamadas de
   b) uses
   c) rompas

2) Mi asistente es tan eficiente que le puedo delegar el trabajo **con los ojos cerrados**.
   a) y marcharme a mi casa
   b) con total confianza
   c) con pánico

3) El niño llora de noche y María **no pega un ojo**.
   a) le da de mamar
   b) también llora
   c) no puede dormir

4) Gabriel **es una luz** para las matemáticas. Hace los ejercicios más rápido que nadie.
   a) es muy inteligente
   b) es negado
   c) es muy simpático

5) No me dejes, por favor. Te **lo pido de rodillas**.
   a) mataré si lo haces
   b) lo ruego
   c) enviaré rosas todos los días

6) Pedro, necesito que consolides estas planillas de Excel **para ayer**.
   a) cuando te venga bien
   b) inmediatamente
   c) mañana mismo

7) Cecilia es muy independiente y **se las arregla** muy bien sola.
   a) se maneja
   b) se la pasa
   c) trabaja

8) **Más te valdría** salir de Facebook ahora mismo y ponerte a trabajar.
   a) sería mejor para ti
   b) sería aburrido
   c) sería gracioso

9) Deje el asunto en mis manos. Le prometo que **veré qué puedo hacer**.
   a) lo echaré todo a perder
   b) solucionaré todo
   c) buscaré una solución

10) **¿Qué tiene de malo?** A todos mis amigos los dejan salir a bailar.
   a) ¿Qué es lo que está mal?
   b) ¿Soy el único estúpido?
   c) ¿Por qué me tratan como a un niño?

ANSWERS, P. 167

Lección 13

DISCUSIÓN ENTRE MADRE E HIJA

Liliana y Anita hablan por teléfono. Anita acusa a Liliana de infidelidad y la madre no entiende nada. La discusión se vuelve acalorada.

Liliana and Anita are on the phone. Anita accuses Liliana of infidelity and her mother doesn't understand anything. The call gets heated.

Anita: ¿Mamá?

Liliana: Hola Anita, me **ganaste de mano**. Justo te iba a llamar.

Anita: ¿**Se puede saber** para qué?

Liliana: Para saber si te encuentras mejor.

Anita: Estoy bien, pero voy a echarme a **dormir una siesta**.

Liliana: ¿Vas a **faltar a clase**?

Anita: No, mamá, no tengo clase esta tarde y **se me cierran los ojos**.

Liliana: ¿Y tú para qué me llamaste?

Anita: Para decirte que estoy muy enojada.

Liliana: ¿Tú estás enojada conmigo? ¿No debería de ser **al revés**?

Anita: No. Me dijiste mentirosa y la mentirosa eres tú. Todavía estoy intentando **digerir** que le metas los cuernos a papá. ¡Te odio!

Liliana: ¿Pero **de qué estás hablando**? ¿Estás loca?

Anita: No mamá, hablo de tu salida de anoche.

Liliana: Anita, realmente **te falta un tornillo**. Salí con Irene.

Anita: ¿Ves que mientes? No te **aguanto** más. ¿Y entonces quién fue el tipo que te llamó antes de salir?

Liliana: ¿Qué tipo?

Anita: ¿Crees que soy estúpida? Yo misma atendí el teléfono. No quiero verte nunca más. Me voy de casa.

Liliana: ¡No me **cortes**! ¡Anita! ¡Anita!

MODISMOS Y EXPRESIONES: LECCIÓN 13

ganar de mano – anticiparse
to beat someone to the punch; to be one step ahead of someone

- Gracias por tu email. Me **ganaste de mano**, te iba a escribir por Navidad.
- ¿Te gusta mi collar? Era el último en la mesa de ofertas y se lo **gané de mano** a otra chica.

¿Se puede saber? – ¿Es posible informarse? (irónico)
May it be known?; Can you tell me...? (ironic)

- ¿**Se puede saber** que hacen todos estos juguetes en el suelo?
- ¿**Se puede saber** a qué hora llegaste anoche?

dormir (o echar) una/la siesta – tomar un sueño corto después de comer
to take a nap

- Siempre **duermo la siesta** los domingos.
- Estaba tan cansado que me **eché una siesta** estupenda.

faltar a clase – no ir a clase
to cut class

- ¿Vamos al parque y **faltamos a clase** esta tarde?
- Señora Pérez, su hija **faltó a clase**. ¿Está enferma?

Note: There are different idioms for "to cut class" throughout Latin America: "ratearse" in Argentina and Uruguay, "hacer la cimarra" in Bolivia, "capearse" in Chile, "echarse la leva" in Colombia, "comerse la guayaba" in Cuba, "hacerse la pera" in Ecuador, "irse de pinta" in Mexico, "hacerse la vaca" in Peru, and "jubilarse" in Venezuela.

se me cierran los ojos – me muero de sueño; me caigo de sueño; tengo mucho sueño
I'm very sleepy

• Me voy a acostar temprano porque **se me cierran los ojos** de sueño.
• ¿Por qué no te echas una siesta? **Se te cierran los ojos**.

al revés – al contrario
the other way around; the reverse

• Sonia dice que no sale porque trabaja mucho. Yo creo que es **al revés**, que trabaja tanto porque no le interesa salir.
• Hoy hagamos **al revés**: tú cocinas y yo limpio la casa.

digerir – meditar algo para entenderlo o aceptarlo
to digest; to think about something to understand or accept it

• Dale tiempo para **digerir** la noticia. No es fácil ¿no crees?
• Las zanahorias no me caen bien, siempre me cuesta **digerirlas**.

de qué estás hablando – qué estás diciendo
What are you talking about?; what you're talking about

• ¿**De qué estás hablando**? Yo no me tiño el pelo, siempre fui pelirroja.
• Comienza desde el principio porque no entiendo **de qué estás hablando**.

faltarle un tornillo – estar loco
to have a screw loose; to lose one's marbles (literally: to be missing a screw)

• Dice que las vacas vuelan. **Le falta un tornillo**.
• Guzmán hace tantos disparates que realmente te preguntas si no **le falta un tornillo**.

aguantar – soportar
to put up with something or somebody; to endure

• Luis está insoportable, ya no lo **aguanto**.
• No **aguanto** este ritmo de trabajo, creo que me va a dar un infarto.

cortar (el teléfono) – cortar la comunicación
to hang up on; to put the phone down; to hang the phone up

• Amanda, **corta** ya. ¡No puedes hablar por teléfono toda la tarde!
• No te oigo bien. **Corta** y te llamo enseguida.

✍ PRACTIQUE LOS MODISMOS

Complete los espacios con las palabras que faltan:

1) Me _____ de mano. Yo pensaba invitar a esa chica a la fiesta.

a) echaste b) ganaste c) tomaste

2) _____ qué hace este tipo en mi cama?

a) ¿Se puede saber b) Además de dormir, ¿ c) Cariño, ¿

3) Esta tarde dormí _____ y quedé como nuevo.

a) con Marta b) una siesta c) en el sofá

4) Anoche dormí tan poco que hoy se me _____.

a) siento energético b) cierran los ojos c) duelen los ojos

5) Yo soy su jefe y usted me está diciendo lo que debo hacer. ¿No cree que debería ser _____?

a) al revés b) muy fácil c) así

6) Me cuesta _____ que Natalia haya roto con el novio después de tantos años.

a) comer b) beber c) digerir

7) Pablo, para un momento y dime _____.

a) qué hora es b) de qué estás hablando c) algo bonito

8) Marina _____ a clase de inglés y se fue a pasear con el novio.

a) vino b) faltó c) llegó

9) No _____ que me digan qué tengo que hacer. No nací ayer.

a) aguanto b) trabajo c) tengo

10) El Sr. Pérez está reunido. No _____, por favor, le voy a preguntar si lo puede atender.

a) se vaya b) corte c) espere

ANSWERS, P. 167

Lección 14

EL LLANTO DE LILIANA

Liliana ya no sabe qué hacer y, entre llantos, le cuenta a Irene sus problemas con Anita. Irene la aconseja.

Liliana doesn't know what to do and, between tears, tells Irene about her problems with Anita. Irene gives her some advice.

Liliana: ¡Creo que voy a **explotar**! ¡No **me merezco** esto!

Irene: Liliana, ¿estás llorando? ¿Qué pasó? ¿Con quién hablabas?

Liliana: ¡**Lo que faltaba**!

Irene: Cuéntame **de una vez**.

Liliana: La culpa la tiene **el imbécil de** Rodríguez.

Irene: ¿Qué hizo ahora Rodríguez?

Liliana: Anoche me llamó a casa.

Irene: ¿No te dije que está histérico? Deberías **encararlo** y decirle que no te llame a tu casa. Hay que **pararle el carro**.

Liliana: Ya se lo dije, pero no es eso. ¡Snif!

Irene: Entonces ¿qué es?

Liliana: Que Anita atendió el teléfono y ahora cree que en vez de salir contigo, salí con un hombre.

Irene: ¿Qué?

Liliana: **Como lo oyes**, dice que le puse los cuernos a Carlos.

Irene: **En mi vida** escuché **semejante** idiotez. ¿Por qué **te haces mala sangre**? ¡Le dices que era Rodríguez y **punto**!

Liliana: Ahora Anita dice que se va a ir de la casa.

Irene: Eso es un típico **chantaje afectivo, no le hagas caso**, no se va a ir.

Liliana: Pero está convencida de que soy una mentirosa.

Irene: Liliana, cálmate. **Ponte los pantalones** y **endereza** a esa **chiquilla**.

MODISMOS Y EXPRESIONES: LECCIÓN 14

explotar – hacer explosión; manifestar súbitamente un sentimiento
to blow up; to lose it

- Rodríguez se quejó porque llegué tarde. Entonces **exploté** y renunció al trabajo.
- Alberto le aguanta todo a Martina. Un día va a **explotar**.

merecerse – ser digno de premio o castigo
to deserve

- Después de tanto esfuerzo, **te mereces** unas vacaciones.
- No pones ningún empeño. **Te mereces** que te despidan.

lo que faltaba – como si no fuera suficiente
(this is) the last straw

- ¡**Lo que faltaba**! Primero se enfermó José, después Luisa y ahora me contagié yo.
- Nunca me trató bien, pero **lo que faltaba** es que insulte a mi madre.

de una vez – inmediatamente; enseguida
right now; at once; once and for all

- ¡Dame el dinero **de una vez**!
- Tenemos que iniciar el proyecto **de una vez**.

el imbécil de (alguien) – (alguien) es un imbécil
that idiot ____ (fill in the blank with your favorite idiot!)

• Tuve que aguantar toda la tarde **al imbécil de** mi cuñado.
• Ahora tengo que trabajar con **el imbécil de** Juan. Hay que explicarle todo dos veces.

---

encarar – hacer frente; enfrentar
to face someone or something; to confront

• Ya es hora de que **encaremos** el problema y no lo tiremos para adelante.
• Diego **encaró** a su suegra y le dijo se metiera en sus propios asuntos.

---

pararle el carro – poner límites
to set limits; to rein in

• A la suegra de Juan hay que **pararle el carro** porque se mete en todo.
• Los adolescentes piden límites a gritos. Hay que saber **pararles el carro**.

---

como lo oyes – tal como te lo dije
that's right; as you just heard

• "¿Cómo dices?" "**Como lo oyes**. Que estás despedido".
• "¿Qué has dicho? ¿Arturo es el asesino?" "**Como lo oyes**".

---

en mi vida – nunca, en todo el tiempo que he vivido
never in my life

• ¡Es indignante! ¡**En mi vida** he visto nada igual!
• Es tan tierno…**En mi vida** me habían dicho cosas tan bonitas.

---

semejante – tal; similar
such; similar

• Esta película es malísima. Me da rabia gastar dinero para ver **semejante** estupidez.
• Clara parecía una modelo, nunca vi un vestido **semejante**.

---

hacerse mala sangre – complicarse
to get all worked up

• No **te hagas mala sangre**, ya se nos ocurrirá una solución.
• Sabes cómo es Jaime de nervioso, **se hace mala sangre** por cualquier cosa.

punto – se acabó; fin
the end; that's all

• Basta de discutir. Tú haces lo que te digo y **punto**.
• Pues al final él pintó la casa y **punto**. Se acabó el problema.

chantaje afectivo – chantaje emocional
emotional blackmail

• Me dijo que si la dejaba nunca volvería a ver a los niños Le contesté que eso era **chantaje afectivo**.
• El psicólogo le dijo que el **chantaje afectivo** era una forma de manipulación.

no le hagas caso – no le prestes atención; no obedezcas
don't pay attention to

• **No le hagas caso** a tu padre, siempre está diciendo tonterías.
• **No hagas caso** de lo que dice Eliana. Es demasiado impulsiva.

ponerse los pantalones – revestirse de autoridad
to do something with authority (literally: to put on one's pants)

• Tu hijo no te hace caso porque no **te pones los pantalones**.
• Con trescientas personas a mi cargo, no tengo más remedio que **ponerme los pantalones**.

enderezar – poner derecho lo que está torcido; corregir; castigar
to straighten out

• Juan le puso una estaca a la planta para **enderezarla**.
• Los padres de Pepe ya no sabían qué hacer para **enderezarlo** y lo internaron en un instituto de rehabilitación.

chiquillo / chiquilla – niño/a; muchacho/a; chico/a
boy / girl; kid; child

• ¿Has visto cómo se viste la hija de Claudia? ¡Y es sólo una **chiquilla**!
• Alberto se ha graduado en la Universidad con las mejores notas, y no es más que un **chiquillo**.

Note: This is used mostly in South America Pacific Coast countries as a synonym of "chico" or "muchacho," not as a diminutive. Sometimes, "chiquillo" may have a slightly disdainful tone.

✍ PRACTIQUE LOS MODISMOS

Escoja el mejor sustituto para la frase en negrita:

1) Leandro **se merece** un premio por su último libro de cuentos.
   a) perdió
   b) ganó
   c) es digno de

2) Tuvimos un terremoto, luego una epidemia de cólera y ahora un huracán. **¡Lo que faltaba!**
   a) ¡Como si no hubiera sido suficiente!
   b) Es un castigo de Dios.
   c) ¡Qué mala suerte!

3) "¿Dices que Alejandra y Pedro se casan? ¡Pero si acaban de conocerse!" "Pues sí, **como lo oyes**".
   a) tal como te lo dije
   b) tienes razón
   c) te equivocas

4) Todos le tienen miedo al señor Gómez. Nadie se atreve a **encararlo**.
   a) saludarlo
   b) enfrentarlo
   c) hablarle

5) Juan le **paró el carro** al señor Gómez cuando lo apuró para que terminara el trabajo.
   a) mintió
   b) pegó
   c) puso límites

6) ¿Has visto en televisión el crimen de ayer? **¡En mi vida** vi nada más cruel!
   a) nunca
   b) a menudo
   c) siempre

7) Después de la operación, dijo que nunca había sufrido **semejante dolor**.
   a) tanto tiempo
   b) un dolor parecido
   c) tan poco

8) Trata de no **hacerte mala sangre por** el trabajo y disfruta las vacaciones.
   a) complicarte por
   b) olvidarte de
   c) hacer mal

9) ¡En esta casa mando yo y **punto**!
   a) se acabó
   b) tú también mandas
   c) el que no esté de acuerdo, que se vaya

10) Cecilia siempre encuentra algo para criticar, **no le hagas caso**.
   a) préstale atención
   b) no la saludes
   c) no le prestes atención

ANSWERS, P. 168

Lección 15

¿COINCIDENCIAS?

Guillermo y Nacho especulan con la posibilidad del hecho de que su padre y su madre estén en Santo Tomás al mismo tiempo no sea una coincidencia. Se les ocurre una idea que confirmaría la hipótesis.

Guillermo and Nacho speculate that it's not a coincidence that their parents are in St. Thomas at the same time. They come up with an idea to confirm their hypothesis.

Guillermo: Oye, **hagamos un *breake***.

Nacho: ¡Uf! Este autor **es un plomo**. Más **aburrido que bailar con la hermana**. ¿Quieres un sándwich?

Guillermo: **Espectacular**, **tengo un hambre de lobo**.

Nacho: ¿Hoy andas deprimido? ¿Pasa algo?

Guillermo: No. Es que anoche me quedé **rumiando una idea**.

Nacho: ¿Otra de tus **ideas brillantes**?

Guillermo: Mmm … ¿Tú qué piensas de que tu vieja y mi viejo se hayan ido de viaje al mismo sitio y al mismo tiempo?

Nacho: ¿Qué voy a pensar? Que es una coincidencia.

Guillermo: ¿Y si no fuera casualidad? ¿Si tuvieran un asunto?

Nacho: ¿Mi vieja y tu viejo? ¡Qué **delirio**! ¡Ni siquiera se conocen!

Guillermo: Nacho, ¡claro que se conocen! De las reuniones de padres del colegio.

Nacho: ¡Caramba! Se me habían olvidado las reuniones de padres. Mi madre es divorciada, pero ¿tú crees que tu viejo le haría eso a tu madre?

Guillermo: **Me cuesta creerlo**, pero son **cosas de todos los días** ¿no?

Nacho: ¿Cómo podríamos **averiguarlo**? ¿Sabes en qué hotel está tu viejo?

Guillermo: **Ni idea**. ¿Tú sabes dónde está tu vieja?

Nacho: Sí, en el Gran Hotel Santo Tomás.

Guillermo: ¡**Ya lo tengo**! Llamemos al hotel y preguntemos por la señora Garrido.

Nacho: Pero ese es tu apellido, no el de mi madre.

Guillermo: ¿No **captas**?

Nacho: ¡Tienes razón! ¡Se habrán registrado como el señor y la señora Garrido!

Guillermo: Anda, busca el teléfono en Internet y llamemos.

Nacho: ¡Ya mismo!

MODISMOS Y EXPRESIONES: LECCIÓN 15

hacer un *breake* – hacer un corte
to take a break

- Si tu conferencia dura dos horas, tenemos que pensar en **hacer un *breake*** de al menos diez minutos.
- Si **hacemos un *breake***, por favor que no dure más de cinco minutos. Nos quedan muchas cosas pendientes.

plomo – pesado, aburrido; insistente
a pain; dull

• Beatriz es un **plomo**. Ya me contó cinco veces su viaje a Europa e insiste en mostrarme las fotos.
• "¿Cómo estuvo la conferencia?" "Uf, ¡un **plomo**!"

---

aburrido como bailar con la hermana – muy aburrido
very boring (literally: as boring as dancing with one's sister)

• Tengo que leer este libro. Es **aburrido como bailar con la hermana**.
• ¡Qué pesado este tipo! Es más **aburrido que bailar con la hermana**.

---

espectacular – fantástico; estupendo
great; breathtaking; spectacular

• José hizo un trabajo **espectacular**. Hicimos bien en contratarlo.
• ¡Qué libro **espectacular**! No me pude dormir hasta que lo terminé.

---

tener un hambre de lobo – tener mucho apetito; estar hambriento
to be starving (literally: to have the hunger of a wolf)

• Santiago limpió el plato con el pan. **Tenía un hambre de lobo**.
• **Tengo un hambre de lobo**. ¿Qué hay de comer?

---

rumiar una idea – darle vueltas a una idea
to mull over an idea

• Cuando Alicia no me contesta, ya sé que empezó a **rumiar una idea** importante.
• Estoy **rumiando la idea** de irme a vivir al campo.

---

idea brillante – muy buena idea (a veces en sentido irónico)
great idea; bright idea (sometimes ironic)

• Gastón tuvo una **idea brillante** para la presentación de mañana.
• Llegamos tardísimo porque Alicia tuvo la **brillante idea** de pasar por el centro comercial y probarse todos los zapatos del mundo.

---

delirio – disparate
absurdity; delusion

• Manuel nos hace reír con sus **delirios**.
• Es un **delirio** pensar que podemos terminar el proyecto en dos meses.

me cuesta creerlo – es difícil de creer
I can't believe it (literally: it is hard for me to believe that)

• Es increíble que Simón tenga esa enfermedad. Se ve tan sano que **me cuesta creerlo**.
• **Me cuesta creer** que Carlos y Liliana se divorcien. Parece que se llevaran tan bien…

cosa de todos los días – algo común; cotidiano; diario
something that happens all the time; an everyday thing

• La violencia doméstica es **cosa de todos los días** en la comisaría.
• Trabajar duro no me molesta. Para mí es **cosa de todos los días**.

averiguar – buscar la verdad hasta encontrarla
to find out

• Tengo que **averiguar** cómo hace el vecino para tener el césped tan bonito.
• ¿Por qué no **averiguas** dónde compró Pedro ese celular tan barato?

ni idea – no saber; no tener la menor idea
I have no idea; I have no clue

• A Loló le encanta tocar la guitarra, pero no tiene **ni idea**.
• "¿Sabes a qué hora es la reunión?" "**Ni idea**".

¡Ya lo tengo! – tengo la solución; ya lo sé
I've got it!; I have the solution

• ¡**Ya lo tengo**! Podemos eliminar este capítulo tan polémico y se mantendría la coherencia del trabajo.
• ¡**Ya lo tengo**! Ya que Inés no puede tomar sol, hagamos una excursión al bosque.

captar – entender la idea
to understand; to get it

• Carlos **capta** los chistes con una rapidez asombrosa.
• Esa es la línea que voy a desarrollar en la conferencia. ¿**Captas**?

✍ PRACTIQUE LOS MODISMOS

Complete los espacios con las palabras que faltan:

1) Bruno no tiene conversación. Salir con él es _____.
   a) entretenido
   b) divertido
   c) aburrido como bailar con la hermana

2) Está cámara me salió un ojo de la cara, pero valió la pena porque toma unas fotos _____.
   a) borrosas
   b) movidas
   c) espectaculares

3) Me comí una pizza entera. Tenía _____.
   a) un terrible dolor de cabeza
   b) un hambre de lobo
   c) un hambre de oso

4) Mmm, déjame pensar qué podemos hacer … _____
   a) ¡Ya lo tengo!
   b) Hay que dejarse llevar por las emociones.
   c) La vida es fácil.

5) Lo que dijo Leticia fue tan interesante que me quedé _____ durante horas.
   a) dormido
   b) rumiando la idea
   c) aburrido como una ostra

6) El nuevo empleado es muy creativo. Siempre tiene _____.
   a) un hambre de lobo
   b) ideas brillantes
   c) buena onda

7) Estoy organizando la fiesta de fin de año. Me falta _____ dónde alquilan sillas.
   a) anotar
   b) averiguar
   c) estudiar

8) La teoría de Amanda es un _____. Esa chica tiene ideas muy locas.
   a) plomo
   b) éxito
   c) delirio

9) Es una película muy interesante, pero no sé si me gustó. Creo que no _____ del todo cuál es la idea.
   a) capté
   b) averigüé
   c) rumié

10) _____ que no lo sepas. Ha salido en todos los diarios y en los informativos.
   a) Me cuesta creer
   b) Es aburrido
   c) No me sorprende

ANSWERS, P. 168

Lección 16

UN AMABLE OFRECIMIENTO

Guillermo le ofrece a su madre acompañarla al aeropuerto. Liliana se sorprende de tanta amabilidad, sin saber que su hijo tiene un plan.

Guillermo offers to accompany his mother to the airport. Liliana is surprised by such kindness, without knowing that her son has a plan.

Liliana: Hola Guille.

Guillermo: Hola má, ¿todo bien?

Liliana: Bueno, bien **es un decir**. Mi jefe se volvió loco y me acabo de pelear con tu hermana.

Guillermo: **O sea, nada nuevo bajo el sol**, má. ¿Quieres que te acompañe a buscar a papá esta noche?

Liliana: Claro, Guille, me **viene de perlas** no tener que ir sola. ¿Y **a qué viene** tanta amabilidad?

Guillermo: Pues nada, pensé que te gustaría.

Liliana: ¡**Eres un santo**! Por supuesto que prefiero ir contigo. Podríamos ir los tres **en patota**. Tu padre estaría muy feliz, pero no se qué humor tendrá tu hermana para **sumarse al** plan.

Guillermo: No te preocupes por Anita, má. **Sea lo que sea, se le pasa enseguida**.

Liliana: Pues esta vez, no lo sé. Tengo que hablar con ella. Podrías **darme una mano** si tú también **metieras la cuchara** en esto.

Guillermo: Yo también le hablaré, **descuida**.

Liliana: Pero no se peleen entre ustedes, por favor. **No le eches más leña al fuego**.

Guillermo: No, má, Anita y yo nunca peleamos.

Liliana: Es cierto, **se llevan bien, son como hermanos**.

Guillermo: Mamá, somos hermanos.

Liliana: Claro, hijo, estaba **bromeando**.

MODISMOS Y EXPRESIONES: LECCIÓN 16

es un decir – es sólo una frase
in a manner of speaking; so to speak

• "Me dijo Rodríguez que el proyecto se hará en dos meses". "Bueno, **es un decir**".
• Eso de que los niños no dan trabajo **es un decir**.

o sea – a saber; es decir
so; I mean; in other words

• Julieta está enferma. **O sea** que no vendrá el fin de semana con nosotros.
• Martín y yo llegamos a la conclusión de que hace mucho que somos novios. **O sea**, vamos a casarnos.

nada nuevo bajo el sol – nada cambia; todo está igual
nothing new under the sun

• Ignacio dice que, en su país, la inseguridad ha aumentado. **Nada nuevo bajo el sol**.
• No hay **nada nuevo bajo el sol**. Mi jefe ahora dice que no me sube el sueldo por la crisis económica.

venir de perlas – venir a la perfección; venir bien
to be just the thing; to be very convenient

• Me aumentaron el sueldo justo cuando me subieron el alquiler. Me **vino de perlas**.
• Gracias por prestarme el taladro, me **vino de perlas**.

¿a qué viene? – a qué se debe; cuál es el propósito
What's the reason for?

• **¿A qué viene** ponerte a llorar ahora?
• La vida es maravillosa, **¿a qué viene** esa cara larga?

---

ser un santo/a – ser bueno
to be a saint; to be good

• Carolina me va a ayudar con la presentación, **es una santa**.
• No sé qué hubiera hecho sin ti, **eres un santo**.

---

en patota – en grupo; todos juntos; en pandilla
as a group; as a gang

• Fuimos a bailar **en patota**, éramos un montón.
• El domingo iré al partido **en patota** con los chicos del colegio.

Note: This expression is more common in countries of southern South America, including Argentina, Chile and Uruguay.

---

sumarse a – formar parte de; integrarse a
to take part in; to join

• Rosa **se sumó a** nuestra campaña de solidaridad.
• ¿Van al cine? ¿Puedo **sumarme al** plan?

---

sea lo que sea – cualquier cosa que sea
whatever it is

• Mi jefe me dijo que quiere hablar conmigo. **Sea lo que sea**, no me gusta nada.
• Cecilia es tan atractiva que, **sea lo que sea**, cualquier ropa le queda bien.

---

pasarse enseguida – irse con rapidez lo que le ocurre; cambiar de sentimientos
to pass quickly

• A Marcelo le dio una pataleta cuando le saqué el control remoto, pero **se le pasó enseguida**.
• Victoria es de buen carácter, a veces se enoja pero **se le pasa enseguida**.

dar una mano – ayudar *to lend a hand* • ¿Me **das una mano** para entrar la leña? • Papi, hoy le **dimos una mano** a mamá en la cocina.
meter la cuchara – meterse en un asunto ajeno *to meddle; to interfere; to put in one's two cents* • Él no es amigo nuestro, no sé por qué **mete su cuchara** y cambia los planes. • Tuve que **meter mi cuchara** para que la discusión se centrara en el tema.
descuida – no te preocupes; déjalo en mis manos *don't worry; leave the problem in my hands* • **Descuida**, yo ayudaré a Emilio con la tarea. • **Descuida**, papá, yo entraré la leña.
echar más leña al fuego – colaborar para hacer peor las cosas *to add fuel to the fire* • Las cosas están muy complicadas, no le **eches más leña al fuego**. • Santiago no quiere pedirle el auto a su padre. Dice que está de mal humor y no quiere **echar más leña al fuego**.
llevarse bien – tener una buena relación; tener afinidad *to have a good relationship; to get along well* • Mis hijos **se llevan bien**, casi no se pelean. • Hace veinte años que estamos casados y **nos llevamos bien**.
ser como hermanos / hermanas – ser muy unidos *to be very close; to be like brothers / sisters* • Ana y Luisa se conocen desde niñas, **son como hermanas**. • Bernardo y Mario no tienen secretos, **son como hermanos**.
bromear – decir en broma; hablar jocosamente *to joke* • Pablo es muy divertido, siempre está **bromeando**. • Nunca sé cuando **bromea** y cuándo habla en serio.

✍ PRACTIQUE LOS MODISMOS

Escoja el mejor sustituto para la frase en negrita:

1) Hace siglos que los chinos usan el veneno de abejas en medicina. **No hay nada nuevo bajo el sol**.
   a) Las cosas no cambiaron tanto.
   b) Qué barbaridad.
   c) Son un pueblo muy avanzado.

2) La blusa que me regalaste **me vino de perlas** para usar con el pantalón rayado.
   a) no es adecuada
   b) me vino a la perfección
   c) no me sirve

3) ¿**A qué vienen** ahora las quejas si siempre supiste las reglas de juego?
   a) ¿Por qué tengo que soportar
   b) ¿Por qué aguanto
   c) ¿A qué se deben

4) Mi hermana tiene una paciencia increíble con mis hijos. **Es una santa**.
   a) Es la tía.
   b) Es una tonta.
   c) Es muy buena.

5) Lucía arregló con sus amigos del colegio para ir **en patota** al concierto.
   a) en autobús
   b) todos juntos
   c) temprano

6) Estamos organizando un festival en beneficio de las víctimas del terremoto. ¿Quieres **sumarte a** nosotros?
   a) venir con
   b) colaborar con
   c) salir con

7) Santiago quedó muy agradecido porque **le di una mano con** la pintura del garaje.
  a) lo ayudé con
  b) le regalé
  c) le ensucié

8) Tú mejor te callas y **no metes la cuchara en** este asunto ¿de acuerdo?
  a) te olvidas
  b) no intervienes en
  c) te acuerdas

9) **Sea lo que sea**, si se trata de mi hijo me importa.
  a) En cualquier momento
  b) De ningún modo
  c) Cualquier cosa que sea

10) **Descuida**, papá. Te prometo que este año estudiaré y tendré buenas notas.
  a) No te preocupes
  b) No te molestes
  c) No me creas

ANSWERS, P. 168

Lección 17

ENTRE HERMANOS

Guillermo y Anita toman la merienda en la cocina y se cuentan las sospechas que cada uno tiene sobre la infidelidad de sus padres.

Guillermo and Anita have a snack in the kitchen and talk about the suspicions each has about their parent's infidelity.

Guillermo: ¿Por qué **se agarraron** tú y mamá?

Anita: ¿Te contó? Porque la **traté de** mentirosa. Mamá le está poniendo los cuernos a papá, en serio.

Guillermo: Eso es **ridículo**. ¿Se puede saber en qué se basa tu sentencia?*

Anita: En que anoche dijo que salía con una amiga, se puso un vestido súper sexy y, antes de salir, la llamó un tipo por teléfono.

Guillermo: ¿Cómo sabes que era un tipo?

Anita: Porque yo atendí el teléfono.

Guillermo: Bueno, podía ser un compañero de trabajo, o el jefe, **qué sé yo**.

Anita: Guille, nunca la llaman hombres, sólo las amigas. O los parientes.

Guillermo: Pues prepárate para **capear un temporal**, porque te tengo otra noticia.

Anita: ¿Cuál?

Guillermo: Que papá le pone los cuernos a mamá.

Anita: ¡Qué tontería! **¿De dónde sacaste** eso?

Guillermo: Está en Santo Tomás con la madre de Nacho.

Anita: ¿Con la madre de Nacho? **¿Cómo te enteraste?** ¿Ella se lo dijo a Nacho?

Guillermo: No, pero da la casualidad de que se fueron y vuelven el mismo día y en el mismo avión y **paran en** el mismo hotel.

Anita: ¿Y no será una coincidencia? A lo mejor estamos **haciendo una montaña de un grano de arena**.

Guillermo: **No hay peor ciego que el que no quiere ver**.

Anita: ¡Entonces los dos son unos **cornudos**! ¿Qué vamos a hacer?

Guillermo: Nada. Ahora va a llegar mamá y nosotros **como si nada**. Y esta noche la acompañamos al aeropuerto.

Anita: ¿Para qué?

Guillermo: Para ver si realmente llegan juntos. Y por si a la vieja le da un **patatús** cuando los vea.

* sentencia – judgment

MODISMOS Y EXPRESIONES: LECCIÓN 17

agarrarse – pelearse
to fight or discuss with strong words

- Mateo y Lucas **se agarraron** por culpa de los videojuegos.
- Elena **se agarró** con su marido por un problema de celos.

tratar de – decir algo de alguien
to call someone something

- "¿Por qué te peleaste con Anita?" "Porque me **trató de** mentirosa".
- Belén está amargada porque en el colegio la **trataron de** gorda.

ridículo – tan raro o extravagante que puede ser gracioso
ridiculous

• Ese disfraz te queda **ridículo**, no pensarás ir así a la fiesta de Halloween.
• No seas **ridículo**, es increíble que digas eso.

---

qué sé yo – no lo sé
I don't know

• Queremos ir a Grecia, a Turquía, **qué sé yo**, todavía no está decidido.
• "¿Dónde vas a pasar la Nochebuena?" "**Qué se yo**, supongo que en la casa de mis padres".

---

capear el temporal – superar momentos difíciles
to weather a storm; to pass successfully through difficult times

• Daniel es muy fuerte. Supo **capear el temporal** con mucha entereza.
• Ahora vienen tiempos difíciles, debemos prepararnos para **capear el temporal**.

---

de dónde sacaste – de dónde surgió; cómo se te ocurrió
Where did you get that idea / the idea that...?

• ¿**De dónde sacaste** que no estoy motivado? ¡Me entusiasma lo que hago!
• No sé **de dónde sacaste** que no te quiero, ¡estoy loco por ti!

¿Cómo te enteraste? – ¿Cómo lo supiste?
How do you know?; How did you find out?

• ¿**Cómo te enteraste** de la fiesta de Alejandra? ¡A mí no me dijo nada!
• ¿**Cómo te enteraste** de la nota del examen? ¿Ya las publicaron en la web?

---

parar en – alojarse
to stay at

• Mi primo está de visita en la ciudad y está **parando en** mi casa.
• Cuando voy a Santo Tomás, siempre **paro en** ese hotel.

hacer una montaña de un grano de arena – exagerar; hacer una tormenta en un vaso de agua, ahogarse en un vaso de agua
to make a mountain out of a molehill

• Tienes que mirar la situación con perspectiva, estás **haciendo una montaña de un grano de arena**.
• Marcelo es un exagerado, siempre está **haciendo montañas de un grano de arena**.

no hay peor ciego que el que no quiere ver – es inútil tratar de que alguien vea lo que no quiere ver
there are none so blind as those who will not see; it's hard to get somebody to see what he or she doesn't want to see

• Tiene todos los elementos para darse cuenta, pero **no hay peor ciego que el que no quiere ver**.
• Él fue el último en enterarse de las andanzas de su hijo. Es que **no hay peor ciego que el que no quiere ver**.

Note: you can also say: no hay peor sordo que el que no quiere oír

cornudo/a – víctima de la infidelidad; persona muy sumisas
a victim of infidelity; someone being cheated on; a very compliant person

• Alberto es un **cornudo**, le aguanta lo que sea a su esposa.
• Sospecho que Leonardo tiene otra mujer. ¿Crees que tengo vocación de **cornuda**? No lo voy a tolerar.

como si nada – como si no sucediera nada
as if nothing is wrong; as if nothing is happening

• Juan me desconcierta. Fui a disculparme por haberlo golpeado y me trató **como si nada**.
• Cuando llegue, haz **como si nada**. No te des por enterada de lo que te conté.

patatús – desmayo
dizzy spell; fainting spell

• Casi me da un **patatús** cuando me enteré del plazo de entrega.
• Si no descansas un poco te va a dar un **patatús**.

✍ PRACTIQUE LOS MODISMOS

Complete los espacios con las palabras que faltan:

1) La juventud de hoy está perdida. Ahora las chicas se _____ a puñetazos.
   a) hacen amigas b) agarran c) hablan

2) No sé qué se cree Nora, _____ tonta.
   a) me trató de b) se ríe como una c) es muy

3) Sergio está de mochilero por Europa y _____ los albergues más baratos.
   a) camina en b) para en c) viaja en

4) Mariana le gritó a su marido y él no reaccionó. _____.
   a) Es sordo b) Como si nada c) Se puso furioso

5) La empresa está en problemas, pero saldremos fortalecidos si logramos _____.
   a) reducir el personal b) vender más c) capear el temporal

6) ¿Dices que Carlos te pone los cuernos? ¿De dónde _____ esa idea?
   a) leíste b) conseguiste c) sacaste

7) ¿No crees que estás haciendo una montaña de un _____?
   a) hormiguero b) grano de arena c) grano de trigo

8) Se lo dije mil veces pero no hay peor _____ que el que no quiere ver.
   a) sordo b) ciego c) obstinado

9) No voy a ser un _____. Si tienes algo con otro, nuestra relación se acabó.
   a) cornudo b) estúpido c) buenmozo

10) Mi novia se enteró de que salí contigo y casi le da un _____.
   a) ataque de risa b) patatús c) instinto maternal

ANSWERS, P. 168

Tus deseos son órdenes para mí.

Lección 18

HOGAR, DULCE HOGAR

Liliana llega del trabajo y piden unas pizzas para llegar a tiempo al aeropuerto. Los chicos simulan que no pasa nada inusual, pero tienen un plan.

Liliana comes home from work, and they order pizza so they can get to the airport on time. The kids pretend that nothing is going on, but they have a plan.

Liliana: ¡Hola chicos!

Guillermo: Hola, má.

Liliana: **Se me hizo tarde**. Tenía que preparar una presentación para mañana y **recién** pude salir de la oficina.

Anita: Estaba con el amante.

Guillermo: **Cállate**.

Liliana: ¿Qué están **cuchicheando**?

Guillermo: Nada, má, fue en la tele.

Liliana: Bueno, vamos a pedir unas pizzas, porque no me va a dar el tiempo para cocinar si vamos a ir al aeropuerto. **Total**, **¿en qué quedamos?** ¿Vamos los tres?

Guillermo: Sí, vamos en patota.

Anita: Una familia feliz.

Guillermo: Cállate, estúpida.

Liliana: Anita, ¿puedes llamar al ***delivery*** mientras **me cambio**?

Anita: Sí, mami, **tus deseos son órdenes para mí**.

Liliana: ¿Por qué me parece que estás un poco irónica?

Anita: **Ideas tuyas**, mamá.

Guillermo: Má, no le hagas caso. Anita ¿estás llamando a la pizzería?

Anita: ¿Qué quieren? ¿Pido tres napolitanas?*

Liliana: A mí **me da lo mismo**, pidan lo que quieran. Me voy a cambiar. Qué raro que Carlos no me haya mandado ni un mensaje para confirmar la hora.

Guillermo: Tú cámbiate, yo lo llamo.

Liliana: Okay, gracias.

* napolitana – Neapolitan pizza (cheese pizza with tomatoes on top)

MODISMOS Y EXPRESIONES: LECCIÓN 18

se me hizo tarde – estoy retrasado
I'm running late; I was late

- **Se me hizo tarde**, el tránsito estaba infernal.
- Cecilia se entretuvo con el periódico y **se le hizo tarde** para la reunión.

recién – apenas; recientemente
recently; just

- Ayer fui sola al cine. **Recién** vi a Carmen a la salida.
- Todavía tienes cara de dormido. ¿**Recién** te despertaste?

cállate – no digas nada; cierra la boca
be quiet; don't say anything; shut up

- Tú **cállate** que yo se lo diré a mamá.
- Mejor **cállate**, no tienes idea de lo que estás diciendo.

cuchichear – secretear, hablar en voz baja o al oído del otro
to whisper

• César me **cuchicheó** al oído que Sara no decía más que tonterías.
• Niños, basta de **cuchichear** y presten atención a la lección.

total – al final; resumiendo
in the end; finally

• **Total** que Amanda y Mateo se reconciliaron.
• Voy a comprarme una computadora nueva. **Total**, no me vale la pena reparar la vieja.

quedar en que – acordar; ponerse de acuerdo
to agree

• Niños, ¿por qué están mirando tele a esta hora? ¿**En qué quedamos**?
• **Quedamos en que** me pasa a buscar a las nueve.

delivery – servicio de entrega a domicilio; persona que hace las entregas
delivery; delivery service; delivery person

• El ***delivery*** de pizzas chocó en la moto.
• Podríamos pedir empanadas para la cena. ¿Llamo al ***delivery***?

cambiarse – cambiarse de ropa
to change one's clothes

• ¿No **te** vas **cambiar**? No puedes ir con esa facha.
• Dame quince minutos para **cambiarme** y te espero en la puerta.

Tus deseos son órdenes para mí – haré lo que tú quieras
Your wish is my command

• ¿Qué quieres? **Tus deseos son órdenes para mí**.
• **Tus deseos son órdenes para mí**, ¿qué película quieres ver?

ideas tuyas – es tu imaginación; es tu idea; cosas tuyas
it's your imagination

• ¿Por qué dices que ese color te queda mal? Son **ideas tuyas**.
• Yolanda dice que sus amigan ya no la quieren. Son **ideas suyas**, siempre la invitan a sus casas.

me da lo mismo – me es igual; no me importa
I don't care; it's all the same to me

• "¿Prefieres comida china o mexicana?" "**Me da lo mismo**".
• Chicos, vamos a estudiar. ¿Por dónde quieren empezar? A mí **me da lo mismo**.

✍ PRACTIQUE LOS MODISMOS

Escoja el mejor sustituto para la frase en negrita:

1) Voy en taxi, **se me hizo tarde**.
   a) es más cómodo que el autobús
   b) estoy retrasado
   c) es muy barato

2) ¿Qué están **cuchicheando** ustedes dos en el rincón?
   a) diciendo en voz baja
   b) haciendo
   c) buscando

3) Con tal de salir de vacaciones, **me da lo mismo** ir a la playa o a la montaña.
   a) quiero
   b) puedo
   c) me es igual

4) **Total que** no sé en qué terminó la discusión.
   a) realmente
   b) para empezar
   c) al final

5) **Quedamos en que iríamos** todos juntos al aeropuerto.
   a) Ni locos vamos
   b) Acordamos ir
   c) No cabemos en el auto para ir

6) Te haré llegar los documentos ahora mismo **con un *delivery***.
 a) por fax
 b) por email
 c) por una compañía de entregas a domicilio

7) A Simón se le cayó todo el café sobre la camisa y tuvo que ir a **cambiarse** a su casa.
 a) cambiarse de ropa
 b) lavarse
 c) descansar

8) ¿Estás segura de que Jorge está loco por mí? ¿No serán **ideas tuyas**?
 a) las ganas que tienes de que seamos cuñadas
 b) imaginaciones tuyas
 c) delirios

9) Cuando hablemos con el director, tú **cállate**, no vayas a meter la pata.
 a) no digas nada
 b) miente
 c) habla

10) Mi amor, **tus deseos son órdenes para mí**. Si quieres la luna, te la traeré ahora mismo.
 a) no soy tu esclavo
 b) haré lo que tú quieras
 c) haré lo que yo quiera

ANSWERS, P. 168

Mamá echaba humo.

Lección 19

UNA LLAMADA INOPORTUNA

Rodríguez vuelve a llamar a Liliana a la casa y, otra vez, Anita atiende el teléfono. La llamada es malinterpretada por los chicos.

Rodriguez calls Liliana at home and Anita picks up the phone again. The call is misinterpreted by the kids.

Anita: ¿Aló?

Rodríguez: Buenas noches, ¿**está** Liliana?

Anita: ¿**De parte de quién**?

Rodríguez: De Rodríguez.

Anita: Un momento, por favor.

Anita: Guille, qué **cara tiene** este tipo, ¡no lo puedo creer! ¿Qué hacemos? ¿Le aviso a mamá o le corto el teléfono?

Liliana: ¿Qué pasa? ¿Quién llama?

Anita: Es **un tal** Rodríguez, para ti.

Liliana: ¿Rodríguez? Este hombre está definitivamente loco. Le dije que no volviera a llamarme a casa. Atiendo desde mi **pieza**.

Guillermo: Corta ya, Anita.

Anita: Sí, antes de escuchar **me corto las venas**.

Guillermo: *Too much.* De verdad tiene cara ¿eh?

Anita: Qué **sinvergüenzas** los dos.

Guillermo: Y mamá **echaba humo**.

Anita: ¿Y tú de qué te ríes?

Guillermo: De la situación. De tan ridícula, resulta cómica.

Liliana: Está sonando el timbre. Debe de ser el *delivery*.

Guillermo: Voy a abrir, ¿tienes **plata**?

Liliana: En la cocina está el **cambio** de la panadería de ayer.

MODISMOS Y EXPRESIONES: LECCIÓN 19

¿está alguien? – ¿se encuentra alguien?; ¿puedo hablar con alguien? (por teléfono)
Is ___ there?; May I speak with ___? (on the phone)

- Buenas tardes, ¿**está** el señor Rodríguez?
- Hola, ¿**está** Guillermo?

¿de parte de quién? – ¿quién habla?; ¿quién llama? (por teléfono)
Who's calling? (on the phone)

- En este momento está reunido, ¿**de parte de quién**?
- Sí, ¿**de parte de quién**?

tener cara – ser descarado o caradura
to have nerve

- Jerónimo **tiene cara**. No le da vergüenza decir piropos a las chicas que pasan.
- Me dijo que no pudo estudiar porque se quedó dormida. **Tiene cara** ¿eh?

un/a tal – alguien llamado
someone called; a certain

• Llegó **un tal** Enrique y sacó a bailar a la chica más bonita.
• ¿Dónde estabas? Te llamó **una tal** Diana como cinco veces.

pieza – habitación
room

• Estás castigado. Te quedarás en tu **pieza** toda la tarde.
• No tengo televisión en mi **pieza**, sólo en la sala de estar.

cortarse las venas – suicidarse
to kill oneself; to slit one's wrists (used figuratively here)

• Te juro que si esta noche Leo no me saca a bailar, **me corto las venas**.
• El trabajo está fatal, este proyecto es como para **cortarse las venas**.

sinvergüenza – que no tiene vergüenza
scoundrel

• Mi nieta es una adorable **sinvergüenza**.
• Es el colmo, Alberto no tiene perdón, es un **sinvergüenza**. ¡Otra vez me dejó plantada!

echar humo – estar muy enojado
to be angry (literally: to blow or eject smoke)

• Mi viejo quedó **echando humo** cuando traje las notas de la escuela.
• Llegué tardísimo y Marcos **echaba humo** de rabia.

plata – dinero
money

• Este sábado no puedo salir porque no tengo **plata**.
• ¿Tienes algo de **plata** en el bolsillo?

cambio – dinero en billetes pequeños o monedas
change; coins or small bills

• Este niño no me devolvió el **cambio** de la panadería.
• ¿Tienes **cambio** para el autobús? Sólo tengo un billete de mil.

✍ PRACTIQUE LOS MODISMOS

Complete los espacios con las palabras que faltan:

1) Buenos días. ¿_____ Carlos?

a) Está b) Conoce a c) Ha visto a

2) "¿Está Bettina?" "¿______?"

a) A dónde vas b) De parte de quién c) Qué haces por aquí

3) No tengo _____ para confesarle a Juan que me acosté con otro.

a) cara b) ganas c) cobardía

4) ¿Tienes algo de _____ para comprar chicles? Sólo tengo un billete de mil.

a) cambio b) caramelos c) golosinas

5) Me hablaron de un carpintero excelente, _____ Fernández.

a) Carlos b) un tal c) un conocido

6) Lo mejor de la computadora portátil es que me la llevo _____.

a) al supermercado b) a la discoteca c) a mi pieza

7) No es para tanto, no me voy a _____ por quedarme sin entradas.

a) cortar las venas b) reír c) bailar

8) _____! Se queda siempre con el cambio.

a) Qué sinvergüenza b) Qué simpático c) Qué divertido

9) Estaba tan enojada que _____. Mejor hoy no me aparezco por allí.

a) me pegó b) echaba humo c) echaba luces

10) Estas vacaciones nos quedaremos en casa porque no tenemos _____ para irnos de viaje.

a) ropa b) pasajes c) plata

ANSWERS, P. 168

Lección 20

ESCENA SOSPECHOSA EN EL AEROPUERTO

Liliana y sus hijos se encuentran en el aeropuerto con Nacho, que ha ido a buscar a su madre. Mientras los tres chicos esperan que los padres salgan del área restringida a los pasajeros, son testigos de una escena muy sospechosa.

Liliana and her kids meet Nacho at the airport. He's there to get his mother. While the three kids are waiting for their parents to come out from the passengers-only area, they see a very suspicious scene.

Nacho: Ahí viene tu viejo.

Guillermo: Y justo atrás de él, viene tu vieja.

Anita: ¡Qué linda es tu madre, Nacho! Al menos papá **tiene buen gusto**...

Guillermo: Mira, le está **tocando el hombro** a mi padre.

Anita: Es increíble, se ponen a **charlar** delante de todo el mundo.

Nacho: ¿Por qué mi madre **revuelve** su bolso?

Guillermo: Está buscando algo.

Anita: ¡Le está dando un cepillo de dientes!

Nacho: Y él lo acepta. ¡Es el suyo!

Anita: ¡Los agarramos **con las manos en la masa**!

Guillermo: ¡Y se ríen, los **caraduras**!

Anita: No puedo creerlo, ¡si hasta **tienen cara de tortolitos**!

Nacho: Ahora vienen los dos juntos.

Guillermo: Y mamá, **tan tranquila**, como si **no tuviera nada que ver** con ella.

Anita: A lo mejor no **se da cuenta** de nada. No tiene los lentes puestos.

Guillermo: Pero de lejos tiene una **vista de lince**.

Nacho: Chicos, parece que podemos considerarnos **hermanastros**.

Guillermo: **Por lo visto**.

Anita: **No hagas chistes**. Estamos viviendo una **situación límite**.

Guillermo: Me pregunto qué va a pasar ahora.

Nacho: Bueno, ya salen, vamos a recibirlos.

MODISMOS Y EXPRESIONES: LECCIÓN 20

tener buen gusto – tener un gusto apropiado o refinado
to have good taste

- Mariana decoró su casa con cosas muy bonitas. **Tiene buen gusto**.
- Víctor **tiene buen gusto**, su novia es fantástica.

tocar el hombro – señal para llamar la atención de alguien
to tap one's shoulder

- Carmen me **tocó el hombro** para decirme algo al oído.
- **Tócale el hombro**, no sabe que estamos detrás de ella.

charlar – conversar; platicar
to chat

- Estuve **charlando** un rato con Ignacio.
- Me encontré con Beatriz y nos quedamos **charlando** en la parada.

revolver – mover de un lado a otro
to rummage around; to look all over

- **Revolví** toda la casa buscando mi celular.
- Juana **revolvió** el armario hasta que encontró la camisa que buscaba.

con las manos en la masa – in fraganti
red-handed (literally: with the hands in the dough)

• No tiene chance de que lo declaren inocente, lo agarraron **con las manos en la masa**.
• ¿Estás fumando? Te agarré **con las manos en la masa**.

caradura – sinvergüenza; descarado
shameless; a shameless person

• No seas **caradura**, sé perfectamente que me estás tomando el pelo.
• Santiago es un **caradura**, se pasea con mi ex novia delante de todos mis amigos.

tener cara de – tener expresión o aspecto de
to look (said of one's expression)

• Cecilia **tiene cara de** enojada, ¿qué le pasa?
• ¡**Tienes cara de** contento! ¡Cuál es la buena noticia?

tórtolos / tortolitos – pareja de enamorados
lovebirds

• Después de la reconciliación, andan todo el tiempo como si fueran unos **tórtolos**.
• Mis padres llevan cuarenta años de matrimonio y parecen unos **tortolitos**.

tan tranquilo/a – tan calma; sin alterarse
so calm; so serene

• Esta casa es un caos y tú **tan tranquila** frente al televisor.
• Todo el mundo está furioso con Nicolás y él, **tan tranquilo**, como si no fuera con él.

no tener nada que ver – no estar involucrado; no tener relación
to have nothing to do with someone or something

• ¿Por qué me lo dices a mí? Yo **no tengo nada que ver**.
• No me vengas con los problemas de los vecinos, **no tienen nada que ver** con nosotros.

vista de lince – buena visión
good vision

• Tú que tienes **vista de lince**, ¿me ayudas a buscar una aguja que se me cayó?
• Yo tenía una **vista de lince**, pero ahora no veo nada sin lentes.

hermanastro/a – hijo/a del padrastro o la madrastra
stepbrother; stepsister

• No quiero casarme con un hombre con hijos, ya que no quiero que los míos tengan **hermanastros**.
• Carlitos tiene tres hermanos y dos **hermanastros**.

por lo visto – aparentemente; evidentemente; por lo que parece
apparently; evidently; it seems

• **Por lo visto** Lucas no está de acuerdo con el gobierno. Nos pusimos a hablar de política y criticó todas las últimas medidas.
• **Por lo visto** Verónica tiene mal carácter, le grita a todo el mundo.

no hagas chistes – no bromees
stop joking around

• **No hagas chistes**. La situación es grave.
• **No hagas chistes** sobre el tsunami, no tiene ninguna gracia.

situación límite – situación extrema
extreme situation; critical situation

• Los mineros que estuvieron dos meses bajo tierra vivieron una **situación límite**.
• Muchas personas que vivieron **situaciones límite** sufren de estrés postraumático.

✍ PRACTIQUE LOS MODISMOS

Escoja el mejor sustituto para la frase en negrita:

1) Dicen que las entradas están agotadas. **Por lo visto** nos perderemos el concierto.
   a) Gracias a Dios
   b) Por suerte
   c) Evidentemente

2) Camilo me **tocó el hombro** para que avanzara en la cola de la entrada del concierto.
   a) llamó la atención
   b) golpeó
   c) dio una patada

3) No **charlen** tanto que no me puedo concentrar en la lectura.
   a) hagan tanto ruido
   b) conversen
   c) me distraigan

4) **No hagas chistes**, te estoy hablando muy en serio.
   a) No llores
   b) No bromees
   c) No cantes

5) Es un **caradura**, se pasea delante de la escuela en la bicicleta robada.
   a) inconsciente
   b) descarado
   c) provocador

6) Martín y Clara parecen dos **tortolitos**.
   a) una pareja enamorada
   b) una pareja que se lleva mal
   c) dos tontitos

7) Frida es una madre impresionante. Los niños le caminan por encima y ella, **tan tranquila**.
   a) se enfurece
   b) como si no tuviera nada que ver
   c) tan calma

8) La policía me citó a declarar por el asalto al banco. Yo **no tengo nada que ver**.
   a) no estoy involucrado en eso
   b) soy culpable
   c) no me voy a presentar

9) Los alumnos le mienten porque **tiene cara de** idiota.
   a) no es
   b) no parece
   c) parece

10) Las **hermanastras** de Cenicienta le hicieron la vida imposible.
   a) hermanas
   b) media-hermanas
   c) hijas de la madrastra

ANSWERS, P. 168

Lección 21

UN ENCUENTRO CASUAL

La madre de Nacho le devuelve a Carlos el cepillo de dientes que encontró casualmente en el hotel. ¡Al fin sabemos qué pasó en Santo Tomás!

Nacho's mother gives Carlos his toothbrush, which she found by chance at the hotel. At last we know what happened in St. Thomas!

Paula: **Disculpe**, señor.

Carlos: ¿Sí?

Paula: ¿Usted **se alojaba** en el Gran Hotel Santo Tomás?

Carlos: Sí, ¿por qué me lo pregunta?

Paula: Creo que tengo algo que es de usted. Lo encontré **por casualidad**.

Carlos: ¿Algo mío?

Paula: Sí, espere a que lo encuentre en este caos de mi bolso. ¡Aquí está! ¿Es suyo?

Carlos: ¡Mi cepillo de dientes! ¿De dónde lo sacó?

Paula: **Nos cruzamos** en el baño del lobby cuando usted se guardaba un tubo de dentífrico en el bolsillo. Después encontré el cepillo de dientes en el baño y, **atando cabos**, llegué a la conclusión de que sería suyo.

Carlos: Y me lo trajo. ¡**Qué amable**! Se lo agradezco mucho.

Paula: No hay de qué. Después no lo encontré a usted hasta ahora, al pasar la aduana.*

Carlos: No puedo creer que me haya dejado el cepillo de dientes en el baño. Soy tan **despistado** que **no pierdo la cabeza porque la tengo pegada**.

Paula: Tal vez sea sólo que está **agotado** de tanto viajar.

Carlos: **Seguro**.

Paula: **De todas formas**, creo que nos conocemos. ¿Usted no es el padre de Guillermo?

Carlos: Sí. A mí usted me resulta **una cara familiar**, pero no **la ubico**.

Paula: Yo soy la madre de Nacho. Ahora es compañero de su hijo en la Universidad. Pero antes fueron juntos al colegio y me acuerdo de usted en las reuniones de padres.

Carlos: ¡**Pues claro**! Ahora me acuerdo, señora…

Paula: Llámeme Paula. ¿Y usted?

Carlos: Carlos, mucho gusto.

Paula: Bueno, ya llegamos. Hasta luego.

Carlos: Hasta luego … ¡y muchas gracias!

* aduana – customs

MODISMOS Y EXPRESIONES: LECCIÓN 21

disculpe – perdón; perdone
excuse me

- **Disculpe** que lo moleste, ¿puedo hacerle una encuesta?
- **Disculpe**, ¿sabe si ya pasó el 142?

alojarse – estar en una casa u hotel; quedarse a dormir
to stay at; to lodge

- Cuando vengas a la ciudad puedes **alojarte** en mi casa.
- Mi amiga española **se alojó** en mi casa una semana.

por casualidad – casualmente; por una coincidencia
by chance

• La prueba era de múltiple opción y me fue bien **por casualidad**.
• Me encontré con Camilo **por casualidad**.

cruzarse – pasar por un punto o camino en dirección opuesta
to cross paths; to pass each other

• El otro día **me crucé** con Javier en el centro.
• Me lo contó María cuando **nos cruzamos** en el club.

atar cabos – reunir datos o antecedentes para sacar una conclusión
to put two and two together; to connect the dots

• Ahora que lo sé, no sé cómo no me di cuenta antes. Sólo era cuestión de **atar cabos**.
• Con los resultados de las evaluaciones y las entrevistas, si **atas cabos** es obvio que mi candidato es el más adecuado para el puesto.

¡Qué amable! – ¡Qué gentil!
How kind!; How nice!

• ¡**Qué amable**! No te hubieras molestado en traerme un regalo.
• Mi vecina me avisó que la grúa se llevaba mi auto. ¡**Qué amable**!

despistado/a – desorientado; distraído
absentminded; distracted

• Roberto es tan **despistado**. En las reuniones pasa vergüenza porque no recuerda los nombres de las personas.
• Doctor, no me va a creer. Soy tan **despistada** que olvidé traer las radiografías.

no pierdo la cabeza porque la tengo pegada – soy tan distraído que no sé cómo no pierdo la cabeza
I don't lose my head because it's stuck to my body (implying one is very forgetful)

• ¡Uf! ¡No encuentro las llaves de casa! Estoy cada día peor, ¡**no pierdo la cabeza porque la tengo pegada**!
• Ana, presta un poco más de atención a lo que haces. Últimamente estás tan distraída que **no has perdido la cabeza porque la tienes pegada**.

agotado/a – muy cansado
exhausted

• Hoy estoy **agotada**, no he parado en todo el día.
• Manuel está **agotado**, necesita unas vacaciones.

seguro – claro; por supuesto; sin duda
sure; of course; definitely

• "¿Puedes quedarte esta tarde hasta que terminemos el trabajo?" "**Seguro**".
• "Creo que nos presentó Mia la otra noche en la discoteca". "**Seguro**".

Note: Both men and women say "seguro." It does not depend on the gender of who is speaking.

de todas formas – de todos modos
anyway; at any rate

• No, no nos conocemos. **De todas formas**, podemos comenzar a conocernos ahora, ¿no crees?
• Odio cocinar. **De todas formas**, no tengo opción.

una cara familiar – una cara conocida
a familiar face

• No sabía quién era cuando me saludó, aunque era **una cara familiar**.
• ¡Qué bueno encontrar **una cara familiar** en esta reunión!

ubicar – reconocer; identificar
to recognize

• No te **ubico** bien, pero creo que fuimos compañeros de escuela.
• Su cara me suena, pero no lo **ubico**. ¿Nos conocemos?

Note: This expression is used in this sense in Cuba, Venezuela and the south of South America.

¡pues claro! – por supuesto
of course

• "Nos presentaron el otro día en una fiesta". "¡**Pues claro**! Ahora me acuerdo".
• "¿Me prestas tu vestido rojo para la fiesta del sábado?" "¡**Pues claro**!"

Note: you can also say "claro"

✍ PRACTIQUE LOS MODISMOS

Complete los espacios con las palabras que faltan:

1) _____, ¿usted es el papá de Carlitos?

a) Le pido b) Disculpe c) Encuentre

2) ¿En qué hotel _____ en Santo Tomás?

a) volabas b) te paseabas c) te alojabas

3) _____ casualidad me encontré con Paula en el avión.

a) Por b) Para c) En

4) Paula me trajo mi cepillo de dientes. _____ de su parte, ¿no crees?

a) Qué servil b) Qué tonto c) Qué amable

5) Me voy a acostar temprano. El trabajo me dejó _____.

a) agotado b) alegre c) orgulloso

6) Si atamos _____, estoy seguro de que podemos encontrar la explicación.

a) cuentas b) cuerdas c) cabos

7) Carlos miró a los invitados a la fiesta y vio una _____.

a) mosca en la sopa b) cara familiar c) planta tropical

8) Sé que lo conozco de algún lado, pero no _____.

a) ubico b) soporto c) quiero saludar

9) "¿Me darías un vaso de agua?" "_____"

a) ¡Ni loco! b) ¡Pues claro! c) ¡No lo creo!

10) Me despidieron del trabajo. _____, creo que puedo conseguir otro enseguida.

a) Estoy impactado b) De todas formas c) Estoy en la calle

ANSWERS, P. 168

Les encanta hacerse películas.

Lección 22

ANTES DE DORMIR

Carlos y Liliana se acuestan a dormir. Se resuelve el misterio del cepillo de dientes y Liliana sabe, al fin, de qué quería hablar Carlos a la vuelta.

Carlos and Liliana lie down to sleep. The toothbrush mystery is solved, and Liliana finally finds out what Carlos wanted to talk about upon his return.

Liliana: ¿Por qué la madre de Nacho tenía tu cepillo de dientes?

Carlos: Porque me reconoció cuando nos cruzamos en el baño del lobby y me guardó el cepillo que me había dejado ahí. A mí me **sonaba** conocida pero no me di cuenta de dónde.

Liliana: No quiero ni pensar las fantasías que se va hacer Anita. Está obsesionada con la infidelidad. El otro día me llamó Rodríguez y ella **armó un escándalo**. Cree que anoche salí con un hombre y salí con Irene.

Carlos: Es la edad. Les encanta **hacerse películas**.

Liliana: **Me tiene preocupada**. El otro día llegó tardísimo y **borracha como una cuba**. Dice que tomó un poco de cerveza y que no fuma, pero no sé si creerle.

Carlos: ¿Hablaste con ella?

Liliana: No tuve tiempo. Rodríguez me tuvo **a mil por hora**. Bueno, ¿y qué tal los clientes de Santo Tomás?

Carlos: Excelente. Quedaron entusiasmados con el proyecto. Al final, la carpeta estaba perfecta.

Liliana: Me alegro, Carlos. ¿Y de qué querías hablarme cuando llegaras?

Carlos: ¡Ah! He estado pensando. Este año cumplimos veinticinco años de casados. ¿**Qué te parece** si nos **vamos de viaje**?

Liliana: ¿Una segunda **luna de miel**?

Carlos: Algo así. ¿Te **apetece**?

Liliana: Es una idea **fabulosa**, ¡me fascina!

Carlos: ¿A dónde te gustaría ir?

Liliana: Contigo, **al fin del mundo**.

Carlos: Pues muchas gracias, pero vayamos a algún sitio bonito.

Liliana: Un sitio bien romántico. Ya lo pensaré. **Te eché de menos**.

Carlos: Yo también. Vamos a dormir, estoy agotado.

Liliana: Hasta mañana, mi amor.

Carlos: Y habrá que hablar con Anita.

MODISMOS Y EXPRESIONES: LECCIÓN 22

sonar – recordar vagamente; ser conocido
to ring a bell; to sound or look familiar

- Creo que ya vi esta película, esa escena me **suena**.
- Esta canción me **suena** ¿no es de Los Beatles?

armar un escándalo – causar alboroto; hacer una escena
to make a fuss; to make a scene

- Con el despido de Rodríguez se **armó un escándalo** en la oficina.
- Mamá me **armó un escándalo** porque me llevé el coche sin preguntarle.

Note: you can also say "hacer un escándalo"

hacerse una/la película / películas – imaginar una historia
to imagine things

• Cuando voy en autobús **me hago películas** sobre los pasajeros.
• Andrés, no pasó nada grave, no **te hagas la película**.

tenerlo preocupado/a – estar preocupado por algo
to be worried; to be concerned

• Juan **me tiene preocupada**. Sale con unos amigos muy raros.
• A Viviana **la tiene preocupada** su dolor en el hombro.

Note: You can say "Juan me tiene preocupado" or "Estoy preocupado por Juan".

borracho/a como una cuba – muy borracho; muy embriagado
very drunk

• Anoche Trini se fue **borracha como una cuba**.
• Pedro no tiene ninguna tolerancia al alcohol. Con media copa de vino queda **borracho como una cuba**.

a mil por hora – muy rápido; a gran velocidad
busy running around; in a hurry

• Hoy estoy **a mil por hora**, no me van a dar las horas del día.
• Que espere, no puedo andar todo el día **a mil por hora**.

¿Qué te parece? – ¿Qué opinas?
What's your opinion?; What do you think?

• Podríamos cenar fuera esta noche ¿**qué te parece**?
• ¿**Qué te parece** si hacemos un viaje para celebrar nuestras bodas de plata?

estar / ir de viaje – estar viajando; partir a un viaje
to be / to go on a trip

• Mis padres **están de viaje** y vino mi tía a quedarse con nosotros.
• Gloria se **fue de viaje**, vuelve el miércoles que viene.

luna de miel – viaje de novios
honeymoon

• César y Diana se fueron a Europa de **luna de miel**.
• Mis padres hace cuarenta años que están casados y parece que aun estuvieran de **luna de miel**.

apetecer – tener ganas de; gustar *to like; to feel like* • ¿Te **apetece** ir al cine esta noche? • Ahora me **apetecería** un chocolate con nueces.
fabuloso – fantástico; buenísimo *fantastic; fabulous* • ¡Qué paisaje **fabuloso**! • Este auto es **fabuloso**, se desliza por la autopista como si volara.
al fin del mundo – a cualquier lugar *to the end of the world* • Con él me iría **al fin del mundo**. • Habría que ir hasta **el fin del mundo** para encontrar una playa mejor que esta.
echar de menos – extrañar; echar en falta *to miss* • Cuando José se va de viaje lo **echo de menos**. • Me gusta la casa nueva, pero **echo de menos** la vista al parque.

✍ PRACTIQUE LOS MODISMOS

Escoja el mejor sustituto para la frase en negrita:

1) Esta canción **me suena de** cuando era joven. ¿Quién la canta?
   a) me gustaba
   b) me parece conocida de
   c) me disgustaba

2) Ana **armó un escándalo** porque no la dejé ir a la fiesta.
   a) se entristeció
   b) hizo una escena
   c) me agradeció

3) Creo que Pablo **se hizo una película** porque salí con él.
   a) inventó una historia
   b) se aburrió
   c) se resfrió

4) Raúl me dijo cosas que yo no debería saber. Estaba **borracho como una cuba**.
   a) hablador
   b) amigable
   c) muy embriagado

5) Hasta que termine este trabajo voy a estar **a mil por hora**. No llegaré hoy a cenar.
   a) ocupadísimo
   b) descansado
   c) agotado

6) ¿**Qué te parece** si nos mudamos a otro barrio?
   a) ¿Te gustaría
   b) ¿Vendrías conmigo
   c) ¿Qué opinas

7) Sólo iremos dos días a la costa **de luna de miel**. Ismael tiene mucho trabajo.
   a) después de casarnos
   b) a descansar
   c) a conocer el mar

8) A Diego siempre le **apetecen** las películas de acción. Yo prefiero las comedias románticas.
   a) aburren
   b) gustan
   c) ofrecen

9) Me dijo que me quería y que se iría conmigo **al fin del mundo**.
   a) a Europa
   b) de viaje
   c) a cualquier parte

10) ¿No **echas de menos a** tu hermana desde que se mudó?
   a) extrañas a
   b) has hablado con
   c) has visto a

ANSWERS, P. 168

Tendría que consultarlo con la almohada.

Lección 23

INCERTIDUMBRES

Anita y Guillermo están llenos de incertidumbres acerca del futuro de la relación de sus padres y del de ellos mismos.

Anita and Guillermo are full of uncertainties about the future of their parents' relationship as well as their own future.

Anita: **En cualquier momento** van a empezar a pelearse **a los gritos**.

Guillermo: **Supongo que** se van a separar.

Anita: Supongo. Mañana en el desayuno nos van a decir que quieren hablar con nosotros, que siempre nos querrán porque los hijos son para toda la vida, etcétera.

Guillermo: ¿Y tú con quién prefieres vivir?

Anita: ¡Con los dos! **Mejor dicho**, con quien te vayas tú. ¿Tú a quién prefieres?

Guillermo: Creo que a mamá, pero tendría que **consultarlo con la almohada**. Fue terrible cuando Nacho y yo llamamos al hotel.

Anita: ¿Llamaron al hotel? Cuéntame.

Guillermo: Preguntamos por la señora Garrido. Pensamos que se habrían registrado como el matrimonio Garrido.

Anita: ¿Y qué pasó?

Guillermo: Nos dijeron que la señora Garrido había salido.

Anita: O sea, que había una señora Garrido.

Guillermo: La madre de Nacho. Eso es lo que no puedo **tragar**.

Anita: ¿Por qué? ¿Te cae mal?

Guillermo: No. Preferiría que si papá engaña a mamá, lo haga con una **perfecta desconocida**.

Anita: Eso es verdad. Al menos no conocemos al tal Rodríguez.

Guillermo: ¿Rodríguez? ¿Era Rodríguez el que llamó a mamá? **Ahora que me acuerdo**, así se llama su jefe.

Anita: **Da lo mismo** quién sea. Guille, me voy a dormir.

Guillermo: Mañana sabremos **qué nos depara el destino**.

Anita: Sí, mañana va a ser **la hora de la verdad**.

MODISMOS Y EXPRESIONES: LECCIÓN 23

en cualquier momento – en cualquier instante; en un momento no determinado
at any time; in any minute

• Juan es impredecible. **En cualquier momento** se va de la oficina.
• Con el cambio climático, **en cualquier momento** tendremos el agua al cuello.

a los gritos – con la voz a un volumen alto
with loud voices; shouting

• Mis vecinos se pelean **a los gritos** y me dejan en un estado de nervios horrible.
• Niñas, ¿es necesario que jueguen **a los gritos**? ¿Pueden bajar el volumen, por favor?

suponer (que) – dar algo por cierto por los indicios que se tienen
to suppose (that)

• **Supongo que** después de este exitoso proyecto, me darán un ascenso.
• Ahora que sé las notas de los exámenes, **supongo que** me van a admitir en la universidad.

---

mejor dicho – más precisamente
rather; in other words

• Si no llueve, voy a ir al centro esta tarde. O, **mejor dicho**, voy a ir de todos modos.
• Me gustan los zapatos rojos. **Mejor dicho**, me gustan más que los verdes.

---

consultarlo con la almohada – esperar a encontrar una respuesta durante el sueño
to sleep on it (literally: "to consult with the pillow")

• No sé qué hacer. Tendré que **consultarlo con la almohada** y mañana veremos.
• No hay que tomar decisiones importantes sin **consultarlas con la almohada**.

---

tragar – soportar algo desagradable
to put up with; to stand; to stomach

• No me importa perder un partido. Lo que no puedo **tragar** es perder por goleada.
• Bastante trabajo toda la semana para tener que **tragarme** el sábado una reunión de la oficina.

---

perfecto desconocido – no conocido; persona desconocida
a perfect stranger

• Prefiero contratar a un **perfecto desconocido** y no a un familiar.
• ¿Quién era el **perfecto desconocido** de tu fiesta?

---

ahora que me acuerdo – ahora que me acabo de acordar
I just remembered; now I remember

• **Ahora que me acuerdo**, no puedo salir contigo porque tengo una fiesta.
• **Ahora que me acuerdo**, tengo una reunión de padres en la escuela. No puedo quedarme a trabajar fuera de hora.

da lo mismo – no es importante; da igual *it doesn't matter; it's six of one, half a dozen of the other* • **Da lo mismo** que vayamos al cine o al teatro, lo que quiero es salir contigo. • No me gustan las rosas, pero **da lo mismo**. Ha sido muy tierno en enviármelas.
qué nos depara el destino – qué nos espera; qué nos traerá el futuro *what lies ahead; what the future will be* • No podemos saber **qué nos depara el destino**. • Mañana se hará pública la restructuración del organigrama en la oficina. Veremos **qué nos depara el destino**.
la hora de la verdad – el momento decisivo *the moment of truth; the decisive moment* • Raul se cree muy valiente, pero a **la hora de la verdad** se muere de miedo. • Creo que llegó **la hora de la verdad**, debemos hablar de nuestra relación.

✍ PRACTIQUE LOS MODISMOS

Escoja el mejor sustituto para la frase en negrita:

1) No soy sordo. No tienes por qué hablar **a los gritos**.
   a) bajo
   b) tan alterado
   c) en voz tan alta

2) No hay que tomar decisiones en caliente. Lo mejor es **consultarlo con la almohada**.
   a) no tomarlas
   b) pedir consejo
   c) dormir y ver si en la noche se te ocurre algo

3) ¿Por qué invitaste a Carmen? **No la puedo tragar**.
   a) No la soporto.
   b) Me cae súper bien.
   c) No creo que venga.

4) Ramón se fue con una amiga a Santo Tomás. O, **mejor dicho**, dijo que se encontró con ella por casualidad.
   a) por suerte
   b) más precisamente
   c) tal vez

5) Le hemos prometido incentivos a los empleados y no podemos dilatarlos más. Ya llegó **la hora de la verdad**.
   a) el momento decisivo
   b) el viernes
   c) diciembre

6) Después de tanto ejercicio, **supongo** que esta noche dormirás bien.
   a) adivino
   b) deduzco
   c) estoy seguro

7) **Ahora que me acuerdo**, es la segunda vez en el año que traes malas notas. Tendré que castigarte.
   a) Acabo de recordar que
   b) Es el colmo
   c) Estoy muy disgustado

8) La esposa de mi hijo es **una perfecta desconocida** para mí. La vi una sola vez.
   a) enigmática
   b) perfecta
   c) una extraña

9) "¿Sabes quién te llamó?" "**Da lo mismo**, no quiero hablar con nadie".
   a) No me importa
   b) Dilo de una vez
   c) Desconecta el teléfono

10) Ahora que los dos estamos sin trabajo, veremos **qué nos depara el destino**.
   a) qué haremos
   b) si podemos descansar
   c) qué nos trae el futuro

ANSWERS, P. 168

¿Se les pegaron las sábanas al cuerpo?

Lección 24

DESAYUNO DE SÁBADO EN FAMILIA

El sábado, Liliana, Carlos, Guillermo y Anita desayunan en familia. Los padres hacen un anuncio sorpresivo para los chicos, que esperaban otro desenlace.

On Saturday, Liliana, Carlos, Guillermo and Anita have breakfast as a family. The parents make an announcement that surprises the kids, who were expecting something else.

Liliana: Buenos días chicos. Carlos, ¿me sirves un poco más de café?

Carlos: Ten, cariño. Hola Anita. Hola Guille, ¿se les **pegaron las sábanas al cuerpo**?

Guillermo: Hoy es sábado.

Liliana: Chicos, tenemos que **darles una noticia**.

Anita: Uf, creo que **esta película ya la vi**.

Carlos: Mamá y yo nos vamos de viaje para celebrar nuestras **bodas de plata**.

Guillermo: ¡¿Qué?!

Liliana: ¿Qué pasa? **¿Qué tiene de sorprendente?**

Guillermo: ¿Ustedes no se van a separar?

Liliana: ¿A separarnos? **¡Qué ocurrencia!**

Carlos: Discutimos **de vez en cuando**, pero generalmente nos llevamos muy bien.

Anita: ¿No se ponen los cuernos?

Liliana: Ah, ya estamos con **la misma cantinela**. No, hija, no nos ponemos los cuernos. ¿Por qué se les metió semejante idea en la cabeza?

Anita: Mamá, el otro día dijiste que salías con Irene, te vestiste súper sexy y te llamó un hombre.

Liliana: Anita, **no me hagas reír**. Ese hombre era Rodríguez, mi jefe, que me **tiene hasta las narices**.

Guillermo: Pá, ¿y tú no fuiste con la madre de Nacho a Santo Tomás?

Carlos: **Claro que no**. **Coincidimos** allí, pero yo ni **me acordaba de** ella. Hablamos en el aeropuerto, cuando me devolvió el cepillo de dientes.

Guillermo: ¿Y por qué tenía ella tu cepillo de dientes? No me digas que no es raro.

Carlos: Porque me lo olvidé en el baño del lobby y ella lo recogió. No tiene **nada de raro**.

Anita: ¿Entonces está todo bien?

Liliana: **Claro que sí**. Todo está maravillosamente bien.

MODISMOS Y EXPRESIONES: LECCIÓN 24

pegarse las sábanas (al cuerpo) – levantarse más tarde de lo normal
to sleep in (literally: to have sheets stuck to one's body)

- ¿Qué haces durmiendo a esta hora? ¿**Se te pegaron las sábanas al cuerpo**?
- Esta mañana no me podía levantar, **se me pegaron las sábanas**.

Note: The "al cuerpo" in this expression is optional.

dar una/la noticia – anunciar una novedad
to give news; to have news for someone

- Fue horrible **darle** a mi familia **la noticia** del despido.
- "Tengo que **darte una noticia**: me caso". "¿Con quién?" "Contigo".

esta película ya la vi – ya sé cómo es esto; ya conozco esto
I already know it (literally: I've already seen this movie)

• Me dijo que me pagaría las horas extra si venía el domingo, pero yo **esta película ya la vi**.
• Cuando llamó para avisar que no vendría a cenar, pensé: "**esta película ya la vi**".

---

bodas de plata – vigésimo quinto aniversario
silver wedding; 25th wedding anniversary

• Pronto cumpliremos las **bodas de plata**, ¿qué me vas a regalar?
• Los vecinos se fueron de viaje por sus **bodas de plata**.

¿Qué tiene de sorprendente? – ¿Por qué sorprende?; ¿Qué tiene de extraordinario?
What's so surprising?

• Conseguí un empleo mejor, ¿**qué tiene de sorprendente**?
• Me voy a vivir con mi novia, ¿**qué tiene de sorprendente**?

¡Qué ocurrencia! – ¡Qué idea loca!
What an idea!

• ¡**Qué ocurrencia** la de Gonzalo! ¿Cómo va a llamar por teléfono a las dos de la mañana?
• Me dijo Elenita que le gustaría tener ocho hijos ¡**Qué ocurrencia**!

---

de vez en cuando – de tiempo en tiempo
from time to time

• No es muy frecuente, pero **de vez en cuando** tengo que viajar por trabajo.
• **De vez en cuando** me gusta ir al cine sola.

---

la misma cantinela – repetición molesta de algo
the same old story

• ¿Otra vez con **la misma cantinela**? ¿No te he dicho que no te compraré ese juego?
• Le dije a Raúl que lo iba a dejar y salió con **la misma cantinela** de que no puede vivir sin mí, etcétera.

No me hagas reír – es gracioso; es ridículo
Don't make me laugh

• ¿Dice que quiere un aumento de sueldo? ¡**No me haga reír**!
• Leticia, ¿cómo puedes decir que estás gorda? **No me hagas reír**, si estás preciosa.

estar / tener hasta las narices – estar hasta la coronilla; estar cansado o harto de algo o alguien
to be fed up / to make someone fed up

• **Estoy hasta las narices** de los niños. ¿Por qué no nos vamos de viaje tú y yo solos?
• Mis amigas me **tienen hasta las narices** con que vaya al gimnasio con ellas.

claro que sí / claro que no – por supuesto que sí / por supuesto que no
of course; sure / of course not

• "¿No te da vergüenza llegar a esta hora?" "**Claro que no**, no fue mi culpa".
• "¿No te sientes orgulloso de las calificaciones de tu hijo?" "¡**Claro que sí**!"

coincidir – estar al mismo tiempo en el mismo lugar.
to be in the same place at the same time

• Cuando estuve en Grecia **coincidí** con María. Nos la pasamos muy bien.
• Me gusta **coincidir** con mis hermanos cuando voy a lo de mis padres.

acordarse de – recordar algo o a alguien
to remember something or someone

• ¿**Te acuerdas de** cuando éramos niños y nos peleábamos todo el tiempo?
• Roberto dice que éramos compañeros de escuela, pero yo no **me acuerdo de** él.

nada de raro – no es inusual o extraño
nothing unusual

• Bueno, sí, me hice un corte de pelo moderno, pero no tiene **nada de raro**.
• Yo le soy infiel a mi mujer cada vez que puedo, pero no tiene **nada de raro** ¿no crees?

✍ PRACTIQUE LOS MODISMOS

Complete los espacios con las palabras que faltan:

1) "¿Me prestas tus pendientes de oro para el matrimonio?" "____".

a) Claro que sí b) No, gracias c) De nada

2) Estamos por terminar la reunión y tú recién llegas. ¿Se te pegaron ____?

a) las mantas b) las almohadas c) las sábanas

3) Normalmente me tiño el pelo yo misma, pero de vez en ____ voy a la peluquería.

a) como b) cuando c) donde

4) ¿Quieres que te de una buena ____? Nos aprobaron el crédito en el banco.

a) noticia b) patada c) película

5) Si Daniel y Graciela vuelven a pelearse, me voy. Esa ____ ya la vi.

a) pintura b) película c) fotografía

6) Hoy las tiendas estaban llenas de gente, pero eso no tiene ____ justo antes de Navidad.

a) perdón b) explicación c) nada de raro

7) ¿Inés y Bernardo se van casar? ¡No me hagas ____! ¡Si se llevan pésimo!

a) reír b) llorar c) gritar

8) Estoy hasta las ____ de mi trabajo. Voy a buscar otro empleo.

a) orejas b) narices c) ojos

9) Berta se quiere cambiar de colegio. Hoy vino otra vez con la misma ____.

a) obsesión b) cantinela c) novedad

10) Por lo que veo en el itinerario de tu viaje, vamos a ____ en París. ¡Tenemos que vernos!

a) coincidir b) hacer compras c) cenar

ANSWERS, P. 168

Eso sí es mirar la paja en el ojo ajeno y no la viga en el propio.

Lección 25

UNA FAMILIA FELIZ

Anita y Guillermo despejan su última duda y aprenden una lección.

Anita and Guillermo resolve their last doubt and learn a lesson.

Anita: Guille, hay algo que **no me cierra**.

Guillermo: ¿Qué?

Anita: Lo de la señora Garrido del hotel.

Guillermo: A mí tampoco, hace rato que **le estoy dando vueltas**.

Anita: Tengo una idea. Llamemos ahora.

Guillermo: Busquemos el número de teléfono.

Guillermo: Buenos días. ¿**Me pone** con la señora Garrido, por favor?

Guillermo: Me va a poner.

Anita: Pues entonces no es la mamá de Nacho. Hay otra señora Garrido.

Guillermo: ¿**Con quién hablo**? … Perdone, señora, creo que **me equivoqué de número**.

Anita: ¿Y?

Guillermo: ¡Ja! ¡Era una señora Garrido con un acento rarísimo!

Anita: Bueno, pues creo que **nos dejamos llevar por la imaginación**. He aprendido una lección. **De ahora en adelante** no voy a **sacar conclusiones precipitadas**.

Guillermo: Sí. Casi **echaste todo a perder** con tu **imaginación desbocada**.

Anita: ¡Vamos! Eso sí es **mirar la paja en el ojo ajeno y no la viga en el propio**.

Guillermo: Bueno, al fin y al cabo, lo importante es que volvemos a ser una familia feliz. **No es poca cosa**.

Liliana: Anita, ven aquí. Tu padre y yo queremos hablar contigo sobre tus problemas con la bebida y sobre tu vida sexual.

Anita: ¡Ay, hermano!

Carlos: Liliana, el teléfono es para ti. Es tu jefe…

MODISMOS Y EXPRESIONES: LECCIÓN 25

no me cierra – no acabo de entenderlo
I just don't understand; I still don't get it

- Este asunto **no me cierra**. Creo que Juliana está mintiendo.
- ¿Has entendido el teorema o todavía **no te cierra**?

darle vueltas (a un asunto) – pensar y pensar sobre algo
to mull over an idea; to think about

- Por más **vueltas** que **le doy**, no termino de entender por qué quieres renunciar a tu trabajo.
- No he dormido bien, la enfermedad de Candela **me da vueltas** en la cabeza.

ponerse (al teléfono) – tomar la comunicación
to take the call; to answer the phone; to connect someone with

- Javier llamó a Laura, pero ella no quiso **ponerse**.
- Si me llama alguien dile cualquier cosa. Estoy muy ocupado y no pienso **ponerme** al teléfono.

¿Con quién hablo? (teléfono) – ¿Quién está en línea?
Who's speaking? (on the phone)

- Buenas tardes, habla Mia, de servicio al cliente. **¿Con quién hablo?**
- "¿Puedo hablar con Mateo, por favor?" "Voy a ver si está, **¿con quién hablo?**

me equivoqué de número – llamé a un número equivocado
I have the wrong number

• ¿Es el 1234-5678? Perdón, **me equivoqué de número**.
• ¿Que ahí no hay ninguna Rosa? Perdón, **me equivoqué de número**.

dejarse llevar por la imaginación – imaginar libremente, volar con la imaginación
to get carried away by one's imagination; to let one's imagination take one away

• Relájate. **Déjate llevar por la imaginación**. Imagina que estás en la playa y oyes el ruido del mar.
• Cuando escribí mi última novela **me dejé llevar por la imaginación**.

de ahora en adelante – desde este momento
from now on

• **De ahora en adelante** voy a ir al gimnasio todos los días.
• **De ahora en adelante** voy a beber media copa de vino en la cena. Dicen que tiene efectos antioxidantes.

sacar conclusiones precipitadas – apresurarse para sacar conclusiones
to jump to conclusions

• Me equivoqué con respecto a Juana, reconozco que **saqué conclusiones precipitadas**.
• Siempre consulto con la almohada para no **sacar conclusiones precipitadas**.

echar todo a perder – estropearlo todo
to mess everything up

• Lo **eché todo a perder** cuando le canté las cuarenta a mi jefe.
• La relación se acabó. Carina lo **echó todo a perder** con sus celos.

imaginación desbocada – mucha imaginación, exagerada o desbordante
wild imagination

• Es muy buen escritor, tiene una **imaginación desbocada**.
• No entiendo la pintura abstracta. Hay que tener una **imaginación desbocada** para ver un caballo en este cuadro.

mirar la paja en el ojo ajeno y no la viga en el propio – ver los pequeños defectos de los demás y no los grandes defectos en uno mismo
to see the small flaws of others and not the major flaws in oneself (literally: to see the speck in another's eye and not the beam in one's own)

• Alicia siempre está criticando a las amigas. Le dije eso es **mirar la paja en el ojo ajeno y no la viga en el propio**.
• Yo soy muy autocrítico. No me gusta **mirar la paja en el ojo ajeno y no la viga en el propio**.

no es poca cosa – no es digno de desprecio; hay que apreciarlo
that's no small thing; that's significant

• Tengo una buena relación de pareja, que **no es poca cosa**.
• Míralo en positivo: tienes salud y eso **no es poca cosa**.

✍ PRACTIQUE LOS MODISMOS

Escoja el mejor sustituto para la frase en negrita:

1) **No me cierra** que el ladrón se haya ido sin llevarse nada.
   a) Qué raro
   b) Qué bueno
   c) No entiendo

2) No ganas nada con **darle vueltas al** asunto. Olvídalo, no hay nada que hacer.
   a) echarle la culpa
   b) seguir pensando en el
   c) girar el

3) **De ahora en adelante** voy a fumar un solo cigarrillo diario.
   a) Desde ahora
   b) El año que viene
   c) Cuando tenga cáncer

4) Sara mira tu aspecto y ya **saca conclusiones precipitadas**.
   a) apresura una conclusión
   b) te rechaza
   c) te acepta

5) Señora López, ¿le puede decir a Carlitos que **se ponga**?
   a) salga a jugar
   b) agarre el teléfono
   c) no soy más su amigo

6) Leonardo salió a jugar al fútbol, **¿con quién hablo?**
   a) ¿quién lo llama?
   b) ¿quieres dejar un mensaje?
   c) ¿puedes llamar más tarde?

7) Disculpe, **me equivoqué de número** otra vez. Debo de tenerlo mal anotado.
   a) El número está bien
   b) tenía ganas de llamar
   c) el número está mal

8) ¡Le pusiste sal en vez de azúcar! **¡Lo echaste todo a perder!**
   a) Quedará delicioso.
   b) Lo estropeaste todo.
   c) Me lo comeré todo.

9) Bueno, no **nos dejemos llevar por la imaginación** y enfrentemos la realidad.
   a) soñemos
   b) divaguemos
   c) volemos con la imaginación

10) Esa obra de teatro es delirante. El autor tiene **una imaginación desbocada**.
   a) poca imaginación
   b) mucha gracia
   c) mucha imaginación

ANSWERS, P. 168

Dialogues: English Translations

Lesson 1

Liliana: Are you finished packing?

Carlos: I think so. I hope I packed everything.

Liliana: You almost forgot your cell phone charger. I crammed it into your suitcase. I don't know why you're carrying so many things.

Carlos: I don't need it. I'll only be away for two days.

Liliana: Well, just in case. Nervous?

Carlos: A little. These customers are major investors and my portfolio is no great shakes. As always, they leave everything to the last minute at the office.

Liliana: Ha! I know what you're talking about. That drives me nuts.

Carlos: Yes, nobody lifts a finger, and then they send you into the battlefield unprepared.

Liliana: Don't worry. At the end of the day, nothing bad every happens. Things go better than you expect.

Carlos: Yes, indeed. Remind me that I want to talk to you when I get back.

Liliana: Are you going to come from the duty-free shop empty-handed?

Carlos: Liliana, I'll be gone for just two days. Don't tell me you're going to give me a list of cosmetics.

Liliana: No, not this time. You left me on tenterhooks. What do you have to tell me that you can't say right now?

Carlos: That I'm crazy about you.

Liliana: Don't tell tales, after twenty-something years. Well, here we are ... Go now.

Carlos: Keep the boys at bay.

Liliana: Yeah, I'll do everything I can. Watch out for the ladies.

Carlos: You know I only have eyes for you.

Liliana: Just go, liar, or else you'll miss your flight.

Carlos: See you tomorrow when I get back.

Lesson 2

Liliana: Hi everyone!

Irene: But woman, where have you been?

Liliana: Am I very late? I went to drop off Carlos at the airport. How is everything?

Irene: Awful. Better not to ask, and call Rodriguez. He is walking around, cursing a blue streak.

Liliana: What's wrong with him? Did he get up on the wrong side of the bed?

Irene: He's gone crazy over the Santa Maria Stores project. He asked for you five minutes ago. Fortunately, we don't have to punch a time card at this company.

Liliana: He's so annoying! What did you tell him?

Irene: That you were in the bathroom. I put my neck on the line.

Liliana: Thank you, Irene, you saved my skin.

Irene: Today for you, tomorrow for me. Don't waste time. Call Rodriguez right now. What a cute vest! Is it new?

Liliana: Yes, it's nice, isn't it? My kids gave it to me for my birthday. I like it because it goes with everything.

Irene: I love it. I gave a similar one to my mother. It cost me an arm and a leg.

Liliana: I don't think the kids spent a lot. This one must be a cheap imitation.

Irene: Or the one I bought isn't pure wool and they ripped me off. When is Carlos returning?

Liliana: Late tomorrow. Tonight I will sleep in the middle of a big bed.

Irene: And we're going out tonight, right? Why not take advantage of the fact that Carlos is away!

Liliana: Going out? Where?

Irene: Don't make such a face. I'm not proposing anything naughty. I thought we could go to the movies, there's a new Brad Pitt film. Liliana, please call Rodriguez right now.

Liliana: I'm calling him right now. I love your plan. Let's go to the movies tonight.

Lesson 3

Liliana: How are you, Rodriguez? May I come in?

Rodriguez: Of course, Liliana, please take a seat. As I told you on the phone, we have a good chance of winning the Santa Maria Stores project. I want you to be in charge, you're my right hand in this business.

Liliana: Are you talking about the project or the proposal?

Rodriguez: At the moment about preparing the demo. We need to clean the database, which is a mess. The day after tomorrow six people are coming for a meeting at 10 a.m.

Liliana: Six people?

Rodriguez: Yes, the administrative manager, the financial manager, the information technology manager, the marketing manager, the purchasing manager and the logistics manager.

Liliana: All the bigwigs. Okay, and what is the scope of the project?

Rodriguez: We will define it as we go. I want to show them the whole system.

Liliana: But you know the purchasing module is still not finished.

Rodriguez: That doesn't matter. You can prepare something to look like it's ready since it's one of the modules that interests them the most.

Liliana: And did you talk about deadlines?

Rodriguez: Yes, they want the launch in two months.

Liliana: Two months? Rodriguez, you know that's impossible!

Rodriguez: Nothing is impossible if we all work hard. Liliana, this is an opportunity for you. What I'm offering to you is recognition, and I hope that improves your motivation.

Liliana: Yeah, you can't imagine how much I appreciate it!

Lesson 4

Guillermo: Mom, lighten your foot on the gas pedal.

Liliana: Don't talk to me about feet, Guille. How could you sprain your ankle today of all days, such a difficult day?

Guillermo: It's not my fault! It was an accident.

Liliana: Yes, but it happens almost every time you play soccer. Can't you play a little more gently?

Guillermo: Mom, soccer is not a gentle sport. If I play as a striker and someone from the opposing team is marking me, I have to avoid him to make a goal. Matches are for winning.

Liliana: It's nuts to injure yourself with such rough sports!

Guillermo: Why is today a difficult day?

Liliana: Because your father is away, because my boss has gone nuts, and because tonight I'm going out with Irene.

Guillermo: You're going out partying? Who's Irene?

Liliana: Guille, Irene has been my co-worker for ages. I can't believe that you still don't know that.

Guillermo: Well, I planned to sleep at Nacho's place. Our exam is on Monday, and we have lots of studying to do.

Liliana: But you can't move your foot! How will you sleep at Nacho's?

Guillermo: But this is nothing. One night with ice and with my leg up, and tomorrow I will be as good as new. I don't even know why you're taking me to the hospital.

Liliana: Because we have to rule out a fracture.

Guillermo: Careful! Mom, you went through a yellow light and we almost crashed! Are you trying to get us killed on the way to the hospital?

Lesson 5

Liliana: Anita, pass me the zucchini please.

Anita: You look very sexy in that dress. Are you trying it on for a wedding?

Liliana: No, I'm going out with Irene tonight.

Anita: With that look? Mom, what could you be thinking? What will Dad say? Of course, since the coast is clear...

Liliana: Kid, don't go looking for trouble. I'm just going to the movies and then maybe for a drink. Look who's talking about dressing sexy! You always wear those tight jeans and shirts.

Anita: But I'm seventeen and I'm not married. And why are you so interested in going out tonight, when you never go out?

Liliana: It's true, I only go out once in a blue moon.

Anita: And now you're going out with that friend of yours who always knows how to take advantage.

Liliana: Irene invited me to the movies and it seemed like a good idea since your father is away. Why have we reversed roles today? I'm the mother and you're the daughter. Nobody gave you a say in the matter.

Anita: I'm going out with Gabriel and some other friends.

Liliana: Where are you going and with which friends?

Anita: I have no idea. We're going out. I still don't know who's on board.

Liliana: Anita, "out" is not an acceptable answer. Come on, let's take dinner to the living room. Your brother is in there on the sofa with his sprained ankle.

Lesson 6

Gabriel: Hello?

Anita: Hi, honey.

Gabriel: Hi, Anita. Are your parents letting you go out tonight?

Anita: My mom went out dressed as a showgirl. So no problem.

Gabriel: Are you upset? What's wrong?

Anita: I'm not sure. I didn't like the fact that my mom went out in a sexy outfit while my Dad's out of town.

Gabriel: Do you think she's having an affair?

Anita: At her age? But she's too old! Do you think people have sex at that age?

Gabriel: Of course, Anita, don't be naive. Your mother is still young, and to make matters worse, she's very attractive. She may have a lover.

Anita: Don't tell me that, Gabriel. It makes me sick to think about it. She told me she was going to the movies with a girlfriend, but before leaving, a guy called her.

Gabriel: Really? Then there's no doubt about it. She's cheating on your dad.

Anita: It's awful, I can't believe it. I can't believe that Mom is sleeping with another man.

Gabriel: Well, Anita, don't you watch TV? It is a common thing.

Anita: I don't want to go out. I'm too depressed.

Gabriel: Cheer up! You need a change of scenery. I'll pick you up in fifteen minutes.

Lesson 7

Nacho: Hi, Guille, how's your leg?

Guillermo: Much better. It's swollen and purple, but with some ice and rest, I'll be ready.

Nacho: And when are we getting together to study? Tonight?

Guillermo: Yes, if you come to my place. I can't move from here until tomorrow.

Nacho: No way. My mom is out, I'm alone at home and that chick Daniela, from our history class, is coming over in ten minutes.

Guillermo: Daniela? She's hot! I'm green with envy. Where is your mom?

Nacho: She went to a medical conference in St. Thomas, but it's just for one night. She returns tomorrow after dinner.

Guillermo: What a coincidence, my father also went to St. Thomas to visit a client. And he's coming back tomorrow at the same time.

Nacho: Ha! It would be funny if they came back on the same plane, wouldn't it?

Guillermo: Too funny. Well, what should we do about studying?

Nacho: Let's meet tomorrow after class at my place, okay?

Guillermo: Yes, but let's read the first chapter beforehand.

Nacho: Ugh, it's so boring. Damn test.

Guillermo: But you have a great memory, you'll be fine with just a quick look.

Nacho: Okay, see you tomorrow.

Guillermo: See you.

Lesson 8

Irene: Waiter, another of the same, please. Are you sure that you don't want another one, Liliana?

Liliana: No, maybe I'll have a Coke.

Irene: A Coke? No way. Cocktails make you feel so good. I've never seen you laugh as much as tonight.

Liliana: No, no, Irene, it's enough. I've had a great time, but I have to drive and get up really early tomorrow. Waiter, a Coke please.

Irene: I love this place. That guy in the bar has been looking at you for a while. When they turn up the music, he's going to ask you to dance, you'll see.

Liliana: I'm going to kill you, Irene. You brought me to a singles bar. I feel like a fish out of water.

Irene: I didn't realize it was a pick-up joint. But we're alone, what's the problem? I feel like a fish in the water.

Liliana: I'm not alone, and I will not dance with a man I do not know. What would I tell Carlos tomorrow?

Irene: Tell him you got bored without him and decided to have a one-night stand!

Liliana: Irene, you're being naughty. I'm going to get going before that guy hits on me.

Irene: You mean you wouldn't be flattered if he hit on you?

Liliana: Definitely not!

Irene: And your Coke?

Liliana: Drink it yourself, the alcohol has gone straight to your head.

Irene: It's no big deal. I can handle my alcohol.

Liliana: Do you want to come with me, and I'll drive you home?

Irene: No, Liliana. If you leave, there's a better chance that the handsome guy will ask me to dance with him. And don't worry about the drinks, that's why I came by taxi.

Lesson 9

Gabriel: This place is so romantic. Let's make love!

Anita: No Gabriel, please, I'm not in the mood. This park is dark and dangerous. Now that the others have left, I'm scared.

Gabriel: Let's go then. Put the beer in your backpack. The finishing touch for us would be for the police to catch us with the bottle.

Anita: The police would turn a blind eye, don't worry.

Gabriel: Not with us. We're minors.

Anita: Go on, give me another drink. I have to drown my sorrows.

Gabriel: I know you're going through a tough time, but don't you think you've had enough? You're going to feel very bad.

Anita: I already feel awful.

Gabriel: I told you. You shouldn't drink when you're distressed, that's a basic rule. You should sober up before you go home. If your mom sees you in this condition, all hell's going to break loose. Let's grab a coffee.

Anita: You're right. But what can I do? Finding out that your mother lies through her teeth is not so easy.

Gabriel: Well, don't let this get you down. Tomorrow you'll see the situation from another perspective, and maybe you can talk to her.

Anita: Tomorrow I'll give her a piece of my mind.

Gabriel: Don't be impatient, Anita. First you have to hear her version. Don't make a big deal out of it.

Anita: Will you still love me if I vomit?

Gabriel: I'll do my best. Let's go, you need that coffee.

Lesson 10

Liliana: Anita, you look very pale.

Anita: Yeah, I think I'm dying.

Liliana: Anita, you've got a hangover. I'm furious. You know you're not allowed to drink!

Anita: I just had a little beer.

Liliana: A little? I wasn't born yesterday. You've drunk too much.

Anita: No, I just drank a little.

Liliana: I don't believe you. It's obvious you had too much.

Anita: Why don't you believe me? I don't lie.

Liliana: Anita, tell me the truth: what did you have?

Anita: Beer, I swear.

Liliana: And you smoked? Did you smoke snuff or marijuana?

Anita: Mom, I don't smoke! I drank some beer and now I don't feel well. That's all. My head is killing me. Leave me alone.

Liliana: Don't speak to me that way. A little respect for your mother.

Anita: You're picking a fight with me! Why should I keep talking if you don't believe me? I don't lie.

Liliana: Yes, you're lying. Anita, I don't know what to do with you. This evening we'll have a serious talk with your father.

Anita: You lie more than me.

Liliana: Be careful what you say. And don't slam the door!

Lesson 11

Liliana: Hi, Irene. Today it's your turn to be late.

Irene: Ugh! I feel awful.

Liliana: Did you pick up the guy from the bar?

Irene: You don't mince words! What a way to talk for a married woman of a certain age. Could you be less direct?

Liliana: No, why waste time! Did you or not?

Irene: No, Liliana, there are no worthwhile available men. He was married. Of course he didn't tell me that, but I have a surefire way to find out. I took off fifteen minutes after you.

Liliana: Thank goodness. I'm also having a bad day. I don't think I'll be able to finish the Santa Maria Stores demo on time, and this morning I had a fight with Anita.

Irene: What happened with Anita?

Liliana: Last night she went out with her boyfriend and a group of friends and came back much too late. You can't imagine how she looked this morning. She was drinking. And I'm worried that she's getting involved with drugs.

Irene: Anita? No, Liliana, I have not seen a girl healthier than her. I'm sure she doesn't have a drinking or a drug problem, I have a sixth sense for that, you know.

Liliana: I hope to God you're right. I don't know what's going on with Gabriel, her boyfriend.

Irene: You don't know if she's sleeping with him, do you?

Liliana: I don't know. Sometimes she seems so small. She's a child.

Irene: How long has she been going out with this guy?

Liliana: About a year.

Irene: So she's having sex. I hope she enjoys it! And please talk with her about taking care, so she doesn't get AIDS or get pregnant.

Liliana: Irene, what are you talking about?! With you, my day goes from bad to worse!

Lesson 12

Liliana: The demo is running very well. The people from Santa Maria Stores are going to be impressed with the system.

Rodriguez: That's great, Liliana, I knew I could have total confidence in you.

Liliana: I worry about such tight deadlines for the launch.

Rodriguez: How could you let this silly little thing worry you? You are so smart.

Liliana: Thanks, Rodriguez, but how many technicians are you going to assign to me?

Rodriguez: Well, I have no one available at the moment. They are all assigned to urgent projects.

Liliana: Rodríguez, around here everything is always urgent. Don't expect me to handle the project all by myself.

Rodriguez: Actually, I was thinking that you, being so capable, could handle it by yourself.

Liliana: Should I also shine your shoes? Rodriguez, this is incredible! Do you remember that the logistics module is not developed yet? I need at least two people.

Rodriguez: I've never seen you so energetic. I like people with personality. Well, let's see what I can do.

Liliana: You'd better get those two technicians or the project will fail miserably.

Rodriguez: Okay, okay, don't get so angry.

Liliana: In addition, Rodriguez, you called me at home yesterday.

Rodriguez: Yeah, and what's wrong with that?

Liliana: I have a schedule, and I have a life outside the office. I beg you not to call me at home again.

Rodriguez: Okay, Liliana. Who answered the phone yesterday?
Liliana: My daughter, why?
Rodriguez: Because she has a beautiful voice and we're looking for an operator.
Liliana: Stop worrying about the operator and find the programmers. See you, Rodriguez.

Lesson 13

Anita: Mom?
Liliana: Hi, Anita, you beat me to the punch. I was just about to call you.
Anita: Why?
Liliana: To see if you're feeling better. How are you?
Anita: I'm fine, but I'm going to take a nap.
Liliana: You're cutting class?
Anita: No, Mom, I don't have class this afternoon, and I'm very sleepy.
Liliana: And what did you call me for?
Anita: To tell you that I'm very angry at you.
Liliana: You're angry at me? Shouldn't it be the other way around?
Anita: No. You called me liar and you're the liar. I can't believe that you're cheating on Dad. I hate you!
Liliana: But what are you talking about? Are you crazy?
Anita: No, Mom, I'm talking about your going out last night.
Liliana: Anita, you've really lost your marbles. I went out with Irene.
Anita: You're lying! I can't put up with you anymore. Who was the guy who called you before you left?
Liliana: What guy?
Anita: Do you think I'm stupid? I myself picked up the phone. I don't want to see you anymore. I'm leaving home.
Liliana: Don't hang up on me! Anita! Anita!

Lesson 14

Liliana: I think I'm going to explode! I don't deserve this!
Irene: Liliana, are you crying? What happened? Who were you talking with?
Liliana: It's the last straw!
Irene: Tell me about it right now.
Liliana: The culprit is that idiot Rodriguez.
Irene: What did Rodriguez do now?
Liliana: Last night he called me at home.
Irene: I told you that he's nuts! You should confront him and tell him not to call you at home. You must set limits.
Liliana: I told him, but it isn't that. Sniff!
Irene: So what is it?
Liliana: Anita answered the phone and now she thinks that instead of going out with you, I went out with a man.
Irene: What?
Liliana: That's right, she says I'm cheating on Carlos.
Irene: I've never heard such idiocy in my entire life. Why are you getting yourself all worked up? Tell her that the man who called last night was Rodriguez!
Liliana: Now Anita says she's leaving home.
Irene: This is typical emotional blackmail. Don't let it bother you. She will not leave.
Liliana: But she's convinced that I'm a liar.
Irene: Liliana, stop it. Take charge and straighten that girl out!

Lesson 15

Guillermo: Hey, let's take a break.
Nacho: Ugh! This author is dull. This is so boring. Do you want a sandwich?
Guillermo: Great idea, I'm starving.
Nacho: You look depressed today. Is something wrong?
Guillermo: No. Last night I was mulling over an idea.
Nacho: Another of your bright ideas?
Guillermo: Mmm ... What do you think of your mom and my dad having gone on a trip to the same place at the same time?
Nacho: What do I think? That it's a coincidence.
Guillermo: What if it's not a coincidence? What if they're having an affair?
Nacho: My mom and your dad? What a crazy idea! They don't even know each other!
Guillermo: Nacho, they know each other from parent meetings at school.
Nacho: My God! I forgot about the parent meetings. My mother is divorced. Do you think your father would do that to your mother?
Guillermo: It's hard to believe, but this is a common thing, right?
Nacho: How can we find out? Do you know the name of your dad's hotel?
Guillermo: No idea. Do you know the name of your mom's?
Nacho: Yes, the St. Thomas Grand Hotel.
Guillermo: I've got it! Call the hotel and ask for Mrs. Garrido.
Nacho: But that's your name, not my mother's.
Guillermo: Don't you get it?
Nacho: You're right! They would likely be registered as Mr. and Mrs. Garrido!
Guillermo: Look up the phone number on the Internet and let's call.
Nacho: Right away!

Lesson 16

Liliana: Hi, Guille.
Guillermo: Hi, Mom, everything okay?
Liliana: Well, in a manner of speaking. My boss has gone nuts, and I just had a fight with your sister.
Guillermo: In other words, nothing new under the sun. Mom, do you want me to accompany you to pick up dad tonight?
Liliana: Sure, Guille, I'm happy that I won't have to go alone. And why such a kind offer?
Guillermo: Because I thought it would make you happy.
Liliana: You are a saint! Of course I would prefer to go with you. The three of us could all go as a gang. Your father would be very happy, but I wonder if your sister's mood will allow her to join the plan.
Guillermo: Don't worry about Anita, Mom. Whatever it is, it'll pass.
Liliana: Well this time I'm not so sure. I have to talk to her. You could lend me a hand with her if you've also been involved in this.
Guillermo: Don't worry. I'll talk to her.
Liliana: But don't fight with her, please. Don't add fuel to the fire.
Guillermo: Mom, Anita and I never fight.
Liliana: It's true, you get along well, like brother and sister.
Guillermo: Mom, we are brother and sister.
Liliana: Of course, son, I was just joking.

Lesson 17

Guillermo: Why were you and Mom fighting?

Anita: Didn't she tell you? Because I called her a liar. Mom is cheating on Dad, seriously.

Guillermo: That's ridiculous. And may I know what you're basing this verdict on?

Anita: Last night she said that she was going out with a friend, she put on a super sexy dress, and before leaving, a guy called her.

Guillermo: How do you know it was a guy?

Anita: Because I picked up the phone.

Guillermo: Well, it could have been a co-worker, or her boss, who knows.

Anita: Guille, men never call her, only girlfriends or relatives.

Guillermo: Well, be prepared to weather a storm, because I have other news.

Anita: What?

Guillermo: Dad's cheating on Mom.

Anita: What nonsense! Where'd you get that idea?

Guillermo: He's in St. Thomas with Nacho's mother.

Anita: With Nacho's mother? And how do you know it? Did Nacho tell you?

Guillermo: No, but it happens that they left and are returning on the same day, on the same plane, and they're staying at the same hotel.

Anita: And that's not a coincidence? Maybe we're making a mountain out of a molehill.

Guillermo: There are none so blind as those who will not see.

Anita: Then they're both being cheated on! What are we going to do?

Guillermo: Nothing. Mom is coming home now, and we will look as if nothing is going on. And tonight we will accompany her to the airport.

Anita: Why?

Guillermo: To see if they really come together. And to see if Mom goes bananas when she sees them.

Lesson 18

Liliana: Hi guys!

Guillermo: Hi, Mom.

Liliana: I'm late. I had to prepare a presentation for tomorrow, and I was just now able to leave the office.

Anita: She was with her lover.

Guillermo: Shut up.

Liliana: What are you whispering about?

Guillermo: Nothing, Mom, it was the TV.

Liliana: Well, let's order some pizza; I have no time to cook if we're going to the airport. So, what are we going to do? Are all three of us going?

Guillermo: Yeah, we're going as a gang.

Anita: A happy family.

Guillermo: Shut up, stupid.

Liliana: Anita, could you call the pizza delivery while I change my clothes?

Anita: Yes, Mom, your wish is my command.

Liliana: Why do I think you're being a bit ironic?

Anita: It's your imagination, Mom.

Guillermo: Mom, don't listen to her. Anita are you ordering the pizza?

Anita: What do you want? Should I order three Neapolitans?

Liliana: I don't care, order whatever you wish. I'm going to change my clothes. It's strange that Carlos hasn't sent me a message to confirm the time.

Guillermo: You go change. I'll call him.
Liliana: Okay, thanks.

Lesson 19

Anita: Hello?
Rodriguez: Good evening, is Liliana there?
Anita: Who's calling?
Rodriguez: Rodriguez.
Anita: One moment, please.
Anita: Guille, this guy has a lot of nerve, doesn't he? I can't believe it! What should we do? Should I tell Mom or hang up the phone?
Liliana: What is it? Who's calling?
Anita: Someone named Rodriguez is on the phone for you.
Liliana: Rodriguez? That guy is definitely crazy. I told him not to call me at home. I'm picking up in my bedroom.
Guillermo: Hang up, Anita.
Anita: Yes, I'd rather kill myself than listen to this conversation.
Guillermo: This is too much. Really, he has a lot of nerve!
Anita: What scoundrels they both are.
Guillermo: And Mom was furious.
Anita: And you, what are you laughing about?
Guillermo: The situation. It's so ridiculous that it's funny.
Liliana: It's the doorbell. It must be the delivery.
Guillermo: I'll get the door. Do you have any money?
Liliana: There's some change in the kitchen from the bakery yesterday.

Lesson 20

Nacho: There's your dad.
Guillermo: And right behind him comes your mom.
Anita: Your mother is very pretty, Nacho! At least Dad has good taste.
Guillermo: Look, she's tapping my father on the shoulder.
Anita: It's amazing, they're talking in front of everyone.
Nacho: Why is my mother digging through her handbag?
Guillermo: She's looking for something.
Anita: She's giving him a toothbrush!
Nacho: And he's taking it. It's his!
Anita: We've caught them red-handed!
Guillermo: And they're laughing, shameless!
Anita: I can't believe it. They even look like two lovebirds!
Nacho: Now they're walking together.
Guillermo: And Mom, so calm, as if she has nothing to do with this.
Anita: Maybe she didn't notice anything. She doesn't have her glasses on.
Guillermo: But she has very good distance vision.
Nacho: Guys, I think you can consider me your stepbrother.
Guillermo: Apparently.
Anita: Stop joking around. We're experiencing an extreme situation.
Guillermo: I wonder what will happen now.
Nacho: Well, come on, let's go greet them.

Lesson 21

Paula: Excuse me, sir.
Carlos: Yes?
Paula: Were you staying at the Grand Hotel St. Thomas?
Carlos: Yes, why do you ask?
Paula: I think I have something of yours. I found it by chance.
Carlos: Something of mine?
Paula: Yes, I hope I can find it in this mess of my purse. Here it is! Is it yours?
Carlos: My toothbrush! Where did you get it?
Paula: We passed each other in the lobby when you were putting a tube of toothpaste in your pocket. Then I found the toothbrush in the bathroom, and putting two and two together, I realized it must be yours.
Carlos: And you brought it. How nice! I really appreciate it.
Paula: You're welcome. After that, I couldn't find you until now, going through customs.
Carlos: I can't believe I left my toothbrush behind. I am so absent-minded that the only reason I don't lose my head is that it's stuck to my body.
Paula: Maybe you're just worn out from your travels.
Carlos: That's for sure.
Paula: Anyway, I think we know each other. Aren't you Guillermo's father?
Carlos: Yes, you are a familiar face, but I can't place you.
Paula: I'm Nacho's mom. Nacho is your son's classmate at the university now. But before that, they went to school together and I remember you from parent meetings.
Carlos: Sure! Now I remember, Mrs. ...
Paula: Call me Paula. And you?
Carlos: Carlos. Pleased to meet you.
Paula: Well, here we are. Bye.
Carlos: So long ... and thank you very much!

Lesson 22

Liliana: Why did Nacho's mother have your toothbrush?
Carlos: Because she recognized me when we met at the door of the lobby bathroom, and she picked up the toothbrush that I had left there. She seemed familiar to me, but I couldn't remember from where.
Liliana: I don't even want to think about the fantasies Anita is going to have. She's obsessed with infidelity. The other day Rodriguez called me, and she made a scene. She thinks that I went out with a man last night, when I went out with Irene.
Carlos: It's her age. She loves to imagine things.
Liliana: I've been worried. The other night she came home late, and she was very drunk. She said she drank some beer and hadn't smoked anything, but I don't know if I believe her.
Carlos: Have you spoken with her?
Liliana: I haven't had any time. Rodriguez had me running around. Well, how did it go with your clients in St. Thomas?
Carlos: Very well. They were enthusiastic about the project. In the end, the portfolio was perfect.
Liliana: I'm glad, Carlos. And what did you want to talk about when you got back?
Carlos: Oh! I've been thinking. This year it will be 25 years of marriage. How about if we take a trip?
Liliana: A second honeymoon?
Carlos: Something like that. Would you like to?

Liliana: It's a fabulous idea. I love it!
Carlos: Where would you like go?
Liliana: With you, to the end of the world.
Carlos: Well, thank you very much, but let's go somewhere nice.
Liliana: A very romantic place. I'll think about it. I missed you.
Carlos: Me too. Let's go to sleep, I'm exhausted.
Liliana: Until tomorrow, my love.
Carlos: And we have to talk to Anita.

Lesson 23

Anita: They'll start shouting at any moment.
Guillermo: I guess they'll separate.
Anita: I guess. Tomorrow at breakfast they'll tell us they want to talk to us, that they'll always love us because children are forever, and so on.
Guillermo: And who do you prefer to live with?
Anita: With both! Rather, who will you live with? Who do you prefer?
Guillermo: Probably Mom, but I need to sleep on it. It was terrible when Nacho and I called the hotel.
Anita: Did you call the hotel? Tell me about it.
Guillermo: We asked for Mrs. Garrido. We thought that they would have registered at the hotel under the married name Garrido.
Anita: And what happened?
Guillermo: We were told that Mrs. Garrido was out.
Anita: So, there was a Mrs. Garrido.
Guillermo: Nacho's mother. That's what bothers me the most.
Anita: Why? You don't like her?
Guillermo: It's not that. If Dad is cheating on Mom, I would prefer that he does it with a perfect stranger.
Anita: That's true. At least we don't know this guy Rodriguez.
Guillermo: Rodriguez? Was it Rodriguez who called Mom? I just remembered, that's Mom's boss.
Anita: It doesn't matter who he is. Guille, I'm going to sleep.
Guillermo: Tomorrow we will know what lies ahead.
Anita: Yes, tomorrow will be the day of reckoning.

Lesson 24

Liliana: Good morning, guys. Carlos, could you give me a little more coffee?
Carlos: Sure, honey. Hi Anita, hi Guillermo, you're up late.
Guillermo: Today is Saturday.
Liliana: Kids, we have something to tell you.
Anita: I think I already know.
Carlos: Mom and I are going on a trip to celebrate our silver wedding anniversary.
Guillermo: What?!
Liliana: What's going on? What's so surprising?
Guillermo: Aren't you going to separate?
Liliana: Separate? What an idea!
Carlos: We argue from time to time, but generally we get along well.
Anita: Aren't you cheating on each other?
Liliana: Oh, we're with that again. No, child, we aren't cheating on each other. Who put such an idea into your head?

Anita: Mom, the other day you said that you were going out with Irene, you dressed up super sexy, and a man called you before you left.
Liliana: Anita, don't make me laugh. The man was Rodriguez, my boss, I'm fed up with him.
Guillermo: Dad, didn't you go to St. Thomas with Nacho's mother?
Carlos: Of course not. We were there at the same time, but I didn't remember her. We didn't speak until our return back here, when she returned my toothbrush to me.
Guillermo: Why did she have your toothbrush? Don't tell me that's not strange.
Carlos: Because I forgot it in the bathroom of the lobby and she picked it up. There's nothing unusual going on.
Anita: So everything is okay?
Liliana: Sure. Everything is wonderful.

Lesson 25

Anita: Guille, there's something I still don't get.
Guillermo: What?
Anita: The Mrs. Garrido who was at the hotel.
Guillermo: Me neither. I've been thinking about it for a while.
Anita: I have an idea. Let's call her again right now.
Guillermo: Let's find the phone number.
Guillermo: Good morning. Can you connect me with Mrs. Garrido, please?
Guillermo: They're passing the call to her.
Anita: Then she isn't Nacho's mother. There's another Mrs. Garrido.
Guillermo: Who is this? ... Excuse me, ma'am, I think I've got the wrong number.
Anita: So?
Guillermo: Ha! Mrs. Garrido had a very strange accent!
Anita: Well, I think we got carried away by our imaginations. I've learned my lesson. From now on, I won't jump to conclusions.
Guillermo: Right. You nearly messed up everything with your wild imagination!
Anita: That's the pot calling the kettle black.
Guillermo: Well, the important thing is that we're a happy family again. That's no small thing.
Liliana: Anita, come here. Your father and I want to talk to you about your drinking problem and your sex life.
Anita: Oh brother!
Carlos: Liliana, the phone's for you. It's your boss…

Answer Key

Lesson 1

1. c 2. a 3. b 4. b 5. c 6. b 7. a 8. a 9. b 10. b

Lesson 2

1. b 2. a 3. a 4. b 5. c 6. c 7. a 8. b 9. a 10. c

Lesson 3

1. b 2. a 3. b 4. a 5. c 6. c 7. a 8. b 9. b 10. c

Lesson 4

1. c 2. b 3. a 4. a 5. a 6. c 7. a 8. b 9. b 10. a

Lesson 5

1. c 2. b 3. c 4. a 5. b 6. b 7. a 8. b 9. b 10. c

Lesson 6

1. a 2. b 3. c 4. a 5. c 6. a 7. b 8. c 9. a 10. a

Lesson 7

1. b 2. c 3. a 4. c 5. b 6. b 7. a 8. b 9. a 10. b

Lesson 8

1. a 2. c 3. a 4. c 5. b 6. a 7. b 8. b 9. b 10. c

Lesson 9

1. c 2. a 3. b 4. a 5. c 6. a 7. b 8. c 9. c 10. c

Lesson 10

1. b 2. c 3. b 4. a 5. a 6. c 7. a 8. b 9. c 10. a

Lesson 11

1. c 2. a 3. c 4. c 5. b 6. a 7. a 8. b 9. a 10. c

Lesson 12

1. a 2. b 3. c 4. a 5. b 6. b 7. a 8. a 9. c 10. a

Lesson 13

1. b 2. a 3. b 4. b 5. a 6. c 7. b 8. b 9. a 10. b

Lesson 14

1. c 2. a 3. a 4. b 5. c 6. a 7. b 8. a 9. a 10. c

Lesson 15

1. c 2. c 3. b 4. a 5. b 6. b 7. b 8. c 9. a 10. a

Lesson 16

1. a 2. b 3. c 4. c 5. b 6. b 7. a 8. b 9. c 10. a

Lesson 17

1. b 2. a 3. b 4. b 5. c 6. c 7. b 8. b 9. a 10. b

Lesson 18

1. b 2. a 3. c 4. c 5. b 6. c 7. a 8. b 9. a 10. b

Lesson 19

1. a 2. b 3. a 4. a 5. b 6. c 7. a 8. a 9. b 10. c

Lesson 20

1. c 2. a 3. b 4. b 5. b 6. a 7. c 8. a 9. c 10. c

Lesson 21

1. b 2. c 3. a 4. c 5. a 6. c 7. b 8. a 9. b 10. b

Lesson 22

1. b 2. b 3. a 4. c 5. a 6. c 7. a 8. b 9. c 10. a

Lesson 23

1. c 2. c 3. a 4. b 5. a 6. b 7. a 8. c 9. a 10. c

Lesson 24

1. a 2. c 3. b 4. a 5. b 6. c 7. a 8. b 9. b 10. a

Lesson 25

1. c 2. b 3. a 4. a 5. b 6. a 7. c 8. b 9. c 10. c

INDEX

LANGUAGE SUCCESS PRESS

ORDER FORM

TITLE	Quantity	Line Total
Liven Up Your Latin American Spanish (Book & Audio CD)...$29.95		
Speak Business English Like an American (Book & Audio CD) Select language version: ☐ all-English version ☐ for Russian Speakers ☐ for Chinese Speakers...$29.95		
Speak English Like an American (Book & Audio CD) Select version: ☐ all-English ☐ for Spanish Speakers...$24.95		
More Speak English Like an American (Book & Audio CD)...$29.95		
Speak Better Business English and Make More Money (Book & Audio CD)...$29.95		
Master the American Accent (Workbook, CD-ROM & 4 Audio CDs)...$79.95		
Lose Your Accent in 28 Days (Workbook, CD-ROM & Audio CD)...$49.95		
Say it Better in English...$24.95		
Inglés ¡Qué buen acento!: An English Pronunciation Guide for Spanish Speakers (Book & 2 Audio CDs)...$29.95		
	Subtotal	
	Shipment to Michigan Add 6% Sales Tax	
	Shipping (see below)	
	TOTAL	

U.S. Shipping: $6.95 for orders up to $50. $7.95 for orders from $50.01 to $75. $9.95 for orders $75.01-$100. $11.95 for orders from $100.01-$200. Add an additional $4 for each additional $100 or part thereof. **International Shipping**: Multiply the U.S. shipping rate by 2.

Please charge my: ☐ VISA ☐ MASTERCARD ☐ AMERICAN EXPRESS

Card #____________________ Expiration__________

Name on card____________________

Ship to:

Name____________________

Organization____________________

Address____________________

City__________ State________ Zip_____ Country__________

Phone_______________ E-mail_______________

FAX this form to Language Success Press: 1-303-484-2004

ORDER ONLINE: www.languagesuccesspress.com

Language Success Press

2232 S. Main St #345

Ann Arbor, MI 48103